『ヒュースケン日本日記』に出会ってから、

西岡たかし

そしえて

表紙写真◎下田市　山梨芳子氏蔵　豆州下田郷土資料館提供
扉肖像画◎下田市　玉泉寺ハリス記念館蔵

序章

もともと読書は嫌いで、書物には縁遠く、歴史などややっこしいものは大嫌い、特に戦（いくさ）、剣豪、武将、将軍、貴族、支配者など、何んの興味も無かった。五十数年も生きて来て興味を持った本と云ってもわずか二、三冊がいいところだった。

この文庫本に出会ってと言うか、この自由気ままな二十四才の、アムステルダム生まれの青年の日本日記に出会って、今まで、気にも止めていなかった自分の生まれた国、日本の事が、やっと少しばかり気に成りはじめた。

私が小学生の頃のものの考え方と言ったら、古いものは何んでも「封建的」と言う言葉でくくりつけてしまって、それを「良くないもの」に置き換え、当時小学一年生に入ったばかりの私は、先生の言葉を信じる以外何も無い白紙の情況下で、本当の姿を見る芽を摘まれてしまっていた様に思う。

その考え方は、単純明瞭で、負けた戦争は悪い、その戦争を起こしたこの国、文化、教育、精神、古い考え、全てが悪い、軍国主義教育崩壊後間もない中、時代の狭間で教育者たちは、未だゆらぎ続けていた頃では無かったろうか。教育者だけで無く大人の誰もがそう思っていた時代だった。だから幼い私は「なんだ、良くない国に生まれたんだ」と悲しかった。

だからでも無いだろうが、チャンバラ、髷ものは好きではなく、唯一楽しめた「鞍馬天狗」も今は亡き、美空ひばりさんの角兵衛獅子姿で、おとうと弟子をかばう、杉作役が救いで、共感出来た。当時は子供の足でもちょと伸ばせば近所に八〜九軒も映画館があって、あの「ゴジラ」以外は洋画に夢中で、古い「キングコング」や「半魚人」「五つの銅貨」「雨に歌えば」「ダンボ」、少し大きく成って「慕情」など、憧れは単純にアメリカに向かった。

そのアメリカが黒船に乗って攻めて来た所を今読んでいる。正確には友好条約（日本名、和親条約）締結に来たのだが、一つ間違うと大砲をぶっ放しそうな構えなのだ。それと言うのも前の年に二隻のアメリカ船に鎖国の我が国は、無礼にも江戸湾に備えた小っちゃい大砲をぶっ放して追い返してるから、向こうの大統領が、「失礼やないかい」ペリー提督に「お前ちょと行って言うてこい」と言う事でやって来た訳ではないが、打つ気は満々に見える。

こんな昔から脅しの外交をやってたと言うより、この時代、アヘン戦争を見ても、それ以前についても、植民地目的が当たり前であったから「お前ら奴隷にしてまうぞ！」的脅しが、外交の第一手段だったと考えても行き過ぎではない。ペリー自身も、少し難解な表現だが「、、、譲歩的態度を示すよりも寧ろ頑迷なる強情を立つることこそ、まことに賢明なるものと思われたり。今後の商談の進行状態は、或る程度まで彼等が受けたる斯かる印象に係わるものなることを知りたり。、、かかる甚だ聡明にして偽り多き人民とあらゆる事務を行なうに当たっては、実に以前外国文明諸国及び野蛮諸国の住民との決して少なからざる接触に於いて得たる余の経験を利用するの利益多きを発見し、且、かかる経験によりて、儀礼的なる人民に在ってはあらゆる虚式を排除するか、然らざれば、ユダヤ王ヘロッドにもまさる虚倣、虚飾の態度をとるの必要なるを知りたりき。、、、」と言い切り、文明の落差の激しい時代、言い換えれば、それだけ民族のオリジナリティーに富んでいた多くの文明を「両国の利益」という甘い言葉の経済行為で踏み躙るには、彼の言う「強情」、軍事パワー、暴力、脅しが、一番手取り早い、と言う事なのだろう。

商談と言ってもいきなり持ち掛ける訳だから、受ける側としては、世界のスタンダード、価値基準が全く分からない不公平さが隠れている。

七ヶ月前（一八五三年）の七月七日に浦賀沖に投錨し、日本側に渡したアメリカ大統領の親書の回答を求めて再来航（一八五四年二月十一日）したのだけれど、日本政府は前回と同じ場所「浦賀にて、、」の一点張り。そんな小手先の口実など聞く耳持たんと、ぐいぐい江戸湾内に深々と侵入して（侵入し過ぎて一度目の時、内一隻は座礁して慌てている）、ペリーはテコでも動かず顔すら見せない。

三浦半島の浦賀に会見所を新築しましたよと言っても、「江戸でエンペラーに直接会いたい」とますます江戸湾内に進み、押し切り戦術、江戸城にもとどく大砲に弾を込めての脅しだから、仕方なく横浜村に又も会見所を新築させている。

当時の攘夷論者達には屈辱的な事ではなかったろうか、歴史は逆らえず開国で良かったのだろうが、その無念さの様な、得体の知れない何ものかを感じる事が出来る。

解説者によると、七ヶ月間政府高官は何もせず、ペリーの来航やその目的をオランダから聞いて知っていたにもかかわらず、驚きもせず、尚且つ用意もせず、国中に意見を求めたが混乱だけを招き、対応策を見出せず、行き当たりバッタリの対応が幕府の無能を露呈する結果と成って行く。

私は、それなりの模索はあったのだろうが、突然ゴジラが東京湾に現れたと、突飛な比喩だが、モンスターが現れたと考えれば、いくら論理を尽くした所で手も足も出ない。二百年も鎖国してきて外交策も無く、国際法など実践も浅く、一体何が出来たろうかと思うと、その時の日本人のショックは計り知れないスケールのものでは無かったのだろうか。

この遠征記はペリー自身では無く編纂者の手によるものだが、一応ペリーの監督下で合衆国下院の決議によって作成されている。その序論には「如何なる点から見ても、日本帝国は長い間、考え深い人々の異常な興味の対象となっていた。、、、」とか「一定の文明を洗練と智力とを有する状態に到達している国民の政府の形態、法律の施行及び国内制度などを詳細に研究したいと思っている」などと書き始められているが、これはアメリカ政府による正当化のアプローチに過ぎず、綺麗事でしかない。

その実態は何かと言うと、東洋市場開拓、植民地政策で先頭を切るイギリスが羨ましく、実績を持たないよちよち歩きのアメリカとしては悔しかった訳で、未だ手付かずで残されていた日本を市場獲得の為他に出し抜いて手に入れようと、当時新興国のアメリカが考えた事であった。

唯、イギリスのような乱暴な考えを基本的に持ち込まなかった点が評価できるが、やり方はあまり違いは無く、大砲で脅す横柄な態度や威圧的な傲慢さの覗くペリーにはあまり好感は持てないし、編纂者が如何にペリーの人格を持ち上げ繕おうとこの遠征記をまとめ上げたとしても、その人間性らしきものがこの部分では見えないし、あまりに無礼である。単に、他の資本主義国を出し抜いて、鎖国日本の鍵をねじ伏せてでも、無理矢理こじ開けに来た東印度艦隊司令長官、遣日合衆国特派大使は、只の不作法で粗野な軍人丸出しのアメリカ海軍の提督でしかない。（男女で言うなら、自分は気に入ったとばかり入り込んで来る押し掛け女房か、今時で言うなら、俺、気に入ってるねんと、付回し上がり込んで来るストーカーか礼儀知らず、そこにデリカシーのかけらも見られない、侵略者とあまり変わらないプロセスだった）

このまとめ上げられた文章からは失礼だとは思うが、その感が拭えない気がするが、以前のTVニュース（一九九八年六月二十五日）に、クリントン大統領の訪中の時に「核ミサイルの照準解除の合意成立」とあった。と言う事は現代においても常々お互いの核ミサイルを相手国に向けて照準を合わせてある訳で、外交とはこう言う事なのだと思い知らされる。

それに引き替え、ハリスの方は、フランクリン・ピアス大統領から日本総領事に任命されたとはいえ、軍人では無く雇われ総領事で、貿易商人でとてつもない好奇心から願い出た人物で、その日記はペリーと対照的に人間臭い。その上自由気ままに動き回る雇われ通訳兼書記のヒュースケンは（後に暗殺された事は残念だが）やたら明るい、その無責任な言葉がより一層、輝きを伝えてくれるのが嬉しい。

私は、歴史上の重大事が知りたいのではない。年表や歴史書に出て来ない大衆の息遣いが聞きたい。大衆の目からこの国がどんな国であったかを、当時の生きた言葉で知りたい。歴史の中に在っても、等身大の暮らし営みなどを時代を越えても、その傍で見たい。

これが、これらの書に会って初めて味わえた醍醐味だからだ。

第 一 章

タウンゼント・ハリスは二十歳代に父と兄がニュー・ヨークで陶器輸入商を始めた事から、東洋への関心が始まったとある。その稼業を手伝いながらも図書館に入り浸り、読書三昧で語学文学に精通し鋭い記憶力を鍛え、民主主義者、フェミニストであり、自らも大学に進め無かった事から教育費問題に関心を持ち、市の教育委員に選ばれ、一部の有産階級の反対を押し切り、私財をなげうり貧しい家庭の子供の為に無料中学校を創立。後にニュー・ヨーク市立大学タウンゼント・ハリス・ホールと命名されるが、政治的意欲は無く、四十五才まで１４番街に住み、趣味は英文学と乗馬。母の死後四十四才でＮＹ市教育局の委員を辞し、世界通商旅行に向け、酒、煙草はやらず、七十四才の生涯を何故か独身で通した男とか。

どうも潔癖過ぎて変な奴らしい。「唐人お吉」なども作り事で有る事が判るから是非、読んでお楽しみ頂きたい。

それにしてもこの男、やたらと友好的でハイクラスの友人が多い。それが証拠に領事に任命されるだけの大統領につながる人脈友人を持っていただけでもすごいのだが、ニューヨーク・フリー・アカデミーの創立は彼の名を政財界に轟かせていたに違いない。

だから、今、大統領の命を受けてイギリス、地中海を経てペナン島で、今や遅しとアームストロング提督の率いる合衆国蒸気フリゲート艦サン・ジャシント号の入港を待侘びている所を読んでいるが、出て来る名前が、王、総理大臣、将軍、大尉、大佐、少佐、軍医、知事、判事、ロンドンのベアリング・ブラザース商会、提督、宮廷、領事、総領事、などと交際の広さが見え（勿論、大統領とも会見している）、ハリス自身、既に大変な名士であった事が伺えるし、私財をなげうった学校創立の上に（家財を整理してだが）四十五才にして貨物船の権利を手に入れてインド洋を股にかける貿易商になったと言う事は、この年令にして充分な財力を持っていたと言う事だ。

そして最大限に持てる人脈をフルに生かしていると言う感じがする。日本に来る途中各国の港に寄港するや、その国を統治する貴族や名士領事などを必ず訪問しているが、やたらと義務的に行動してるように見える。これは公務と言うより性格と思える節がある。

シンガポールでは、知事とフランス領事を訪問しているが、どちらも不在であったりする。これが公務であるとすれば、この様な事に成らない筈、その上嫌な奴とも食事をして不愉快に成ったりもしている所を見ると、この人の誘われても断れない性格が少し見える。

それにしても、この記からまざまざと見せ付けられるのは、日本が鎖国をしている最中に、世界は（アメリカを見るだけでも）アジアの主要各国に領事がくまなく配備され、その大海を縦横無尽に強国の蒸気船が定期便として海軍力と相まってすでに通商及び航海をしていた事実を今更思い知らされる気分だ。

十五世紀後半の大航海時代から発展し続けた航海技術は、蒸気機関の登場ですでに世界は小さく成りつつあり、ハリスの様に（当時としては）いとも簡単に蒸気船を買って貿易商に成ってしまえる程、雄大な成熟期に達していたのかも知れない。

そして、その航海に不可欠の地図海図は、ドイツの医者シーボルトによってすでにオランダに送られていた。伊能忠敬地図を幕府天文方の高橋景保（作左衛門、一八二九年獄中死）がコピーし、シーボルトが所持していたオランダ属地の地図と交換したコピーの伊能日本地図を、アメリカが三万弗で買って、ペリー提督の手元にあった事など、誰一人日本では考え無かった事で、シーボルトが送った物の中には江戸城内部の間取り図まで有ると言うから驚きである。

遠征記に見る小笠原諸島の地図など今見ても（これは日本側の作成では無く、彼らの測量技術）、航海には充分な正確さを備えていることが分かる。

この事からも分かる様に、当時日本近海は捕鯨の漁場であったらしく、頻繁に外国の船が近付いている。時には病人が出て救助を求めて上陸事件もあった様だが、なにしろこちらは鎖国中、追い返してしまっているから、相当評判が悪かったのだろう。

今では捕れない事に成っているが、ヨーロッパもアメリカもみんな鯨から採れる脂を、灯油として使っていた頃だから、日本まで追っ掛けて来て捕り放題をしていた訳で、アメリカの船も、イギリスの船も北欧の船も、寄港も補給も許さない国がある訳だから、正確な海図なしでは航海は出来ない。

当然どの捕鯨船にも海図はちゃんと有っただろうし、日本が門外不出にしていた伊能地図は日本以外の世界中に、既に出回っていたと考えた方が妥当だろう。


ここで少し時代感の修正をしておこう。全く興味本意の独断から安易に読書リポートを始めてしまった筆者自身、甘さが無かったとは言えない。

現実味をおびた「奴隷制度」と言う文字が、生々しく飛び込んで来た。そうなのだ、この時代、今から約百五十年前と言えば、まだ珍しくもない状況なのだ。

シャムに到着したハリスは使節の使命として条約を取り付ける為、王子との交渉をする中でシャムにおける奴隷制度について関心を示している。

これは民主主義者であるハリスにとってと言う事もあろうが、彼がシャムや日本へと飛び出したこの時代とは、実はこの数年後にアメリカでは、あの南北戦争が起こる史実を知れば、当然切実な感心事である事が理解出来る。（余談になるが、株式取引で有名なウォール・ストゥリートのウォールはその昔奴隷取引所の壁が連なっていた通りとか、当時奴隷の数はアメリカが世界中で一番多かったらしいと聞く、奴隷解放のリンカーン大統領はまだ登場していない）

私達はアメリカ映画で南北戦争の光景を何度も目にしている。演出され美化されたものであれ、少なからず史実を胎んでいるものと考えれば、その風俗や武器火器の能力ぐらいは計れる。

この部分を読むと、本当に生々しく、こんな時代だったんだとウナヅクしかない。妻を売り、息子を売り、娘を売る権利なんて考えたくも無いが、男色、姦通、なんでも有りの時代、我が国でも奴隷こそ無かったが、貧しさの中から娘を売る話は、いっぱい有った。そんな時代だった。

もう一つは、ペリーの来航した時の政府に提出された文書の序文である。

勿論、国家的に行為の正当性を確立する為の文章だから、結局何を言いたいのかさっぱり分からないが、あらゆる角度から当時の日本にせまろうとする辺りは、今と成っては興味深いものがあるので少しチェックしておこうと思う。

国名、地理地形、民族的考察、言語、政歴、制度、身分階級、宗教、過去における西方文明との関わり、など事細かにひどく真面目に、いかにも学術的性格を強調するかの様で陳腐ではあるが、未知の世界と言う意味では乏しい情報から考察する当時なりの苦労があったのだろう。

特に地形については、現代の常識から掛け離れているだけに面白い、あたかも見たこともない惑星の地形を予測する科学者のごとく、その形容には「恐らく」「筈はないだろう、」「違いないことが判る」「〜でなければならない」と可哀相な位い頼りない。

気候については「確信をもって語る事はできない」とまで言い切り、「不健康であるとは言えない」などと結んでいる。本当に未知だったの。

言語については「音読」「訓読」辺りを押さえている。

これらは時代は遡るが、この中にも何度も出てくる様に鎖国以前に到来した宣教師の情報が中心になっている様で、事実、フロイスや他の宣教師などはローマへ向けマカオのイエズス会に正確な日本リポートを書き続け、例えば「信長、秀吉」や「民衆」の動きなどを克明にドキュメントしている。（読書一覧参照）

特にロドリゲスは日本語能力が高く、秀吉、家康の通訳及び外交交渉にもある程で、日本語を理解する上で重要な所謂（日本語辞書又は会話辞典）と成る『日本語小文典』までも表わしている。

特に驚きを感じるのは、文法的解析だろうと思える。ラテン語的と解説されてはいるが、筆者には、何的であろうとも、この時代にヨーロッパの人達にとって、はっきり日本語辞書と言える物を、予備知識も無く体当たりで表わした業績は凄いを越えて執念すら感じるものすごさだ。

アメリカはこれを入手出来たかどうか知らないが、シーボルトのリポートなどから当時としては大ざっぱとは言い切れない程の詳しい情報を集めていた様だ。

次に、日本との付き合い方、日本人の性格などに触れている。

要約するが、「アメリカとのこの条約によって長く変化の無かった日本の変化に期待出来る」としながらも、「可成長い時間が必要」その上、「日本人の外人に対する猜疑心を刺激しないよう最大の注意を」と大切に扱うかの様に、「もし、そうでなければ、日本人は条約を無効にする危険がある」「軽率な領事を送ってはならない」「良き気質の人物にしよう」などと、やたら慎重なのだ。

この部分のデリカシーは意外だ、そんなにガラス細工を扱う様に考えていたのなら、無礼にも江戸湾に威嚇しながら突然侵入する様な事をしなくてもいいのにと思ってしまう。

突然家の前に大砲を構えて、こちらが「会いたくない、帰ってください」と言っているのに、「ドアーを開けろ、開けないと、叩き壊すぞ」と言った様なもの、「いやいや、そんな生易しい時代ではないんだ」と言われればそれまでだが。

初めての国を訪ねるには、一国の代表として、それなりの礼儀があってしかるべきもの、これだけは外せない。と私筆者などは直ぐ興奮するたちだが、これももう少しじっくり読み進めて行くと、それ以前に当時の日本が何をしていたかが分かって来る。

これも歴史の授業じゃ教えてくれない所だよね。

第 二 章

日本人の性格については、交渉における役人の「嘘つき」と「二枚舌」を上げている。そして又、「普段の話題については、開けっ広げで腹蔵も無くプライドを持ち、愉快なやつらだ」と言っている。

その上、引用すれば「他の如何なる東方文明国民よりも遥かに勝れている」とまで言わせている。嬉しいではないかと喜んでいる所ではない、「しかし政府の役人は、、」と又出て来る。「上役から叱られないよう欺瞞に満ちた態度を示す」「それが彼らの商売なのだ」と云いながら、そんな事は我が国の近くでもいっぱいあるでェーッ！と結んで居る。言い換えれば「特に珍しい事ではおまへんで！」と言う事だから、特別特殊な国と言う意識でも無かった様だ。

何だこれはと思ってしまう。これまで何かにつけて「日本は特殊だ」の繰り返しで、現在でも何かあれば出て来る言葉なのに、ペリーの報告書にすでにこの時代にこの様に書かれていたとは、、、、。

日本に行った外国人と係わった国について書かれている。ここに出て来る事実も面白い。

私たちは、この時代をもっぱら大雑把に「出島」「シーボルト」「外国人宣教師」「黒船」「ペリー」と言うくくり方で、歴史を見ていたと思うし、それ以上の事を教わった記憶が無い。

当時の日本側でもそれ以上の対応をしていたとも聞いてはいない。所が国際事情の詳しい国から見ると、とても、ややっこしく俗ぽい問題があった事を筆者はここで初めて知る。

古くを言えば、切りなく有るだろうが、ペリー報告では一五四三年頃のポルトガルの冒険家と言うよりは、そんな昔の事だから一攫千金を夢見た、日本で言うなら山師的な人物だろう。この時すでにポルトガルはギニア、コンゴ、インドを植民し支那にも進出していたらしいから、そんな山師はいっぱいいて、その中の一人物が、たまたま暴風雨で日本に流されて来た事を紹介している。

日本では大事に扱われ交易が可能に成り毎年ポルトガル船が九州の豊後に向かったとある。この時日本から逃げ出した青年がゴアのポルトガル植民地で改宗し洗礼を受け、日本との通商と僧侶の派遣を提言したと成っている。

もし、それが本当なら、逃げ出しておきながら余計なことをしたものだ。と言うより、その日本青年から詳しい事情を採集し、日本進出の計画をねったと考えた方が妥当だろう。そこで送り込まれて来たのが、あの「フランシスコ・ザビエル」だったとある。

この人物は大変高潔な人で、多少の医療術を持ち親切にも病人に無償で治療を施すなど善行多く、日本人から「良き人、優れた人」として崇められるに至った。

この点は、成功をした例であり、ポルトガルもそれだけ厳しい人選をしたと言える。そして教会建設、数千人の信者を達成したザビエルさんは、一五五一年に日本を離れ、五二年にマカオに遠くないシャンシャンで亡くなられている。また貿易も順調だったらしい。ところが、その後は皮肉にも絶大な信用を得たその僧侶達によって、その信用を台無しにもしていったらしい。

幕末から明治の体験者A・B・ミットフォードでさえ「鈍重で不器用なフランシスコ会修道士が、中国の場合と同じく、より繊細なイエズス会修道士が種を蒔いて、水をやって、たいせつに育てた信仰の芽を踏みつけて死なせてしまったといえば十分であろう。その国の法律や内政に干渉するのが、フランシスコ修道士にとっては、無上の楽しみであったから」とまで言わしめてもいる。

大体、後から「おいしい所だけ」を狙って来る輩は、いつの世にもろくな連中ではない。何故なら、先人の気遣いや労苦に敬意を表わすデリカシーを用意していないからだ。そう言う奴らは現代においても最も好きに成れないタイプである。

　ザビエルさんの成功を聞いた別派は（キリスト教には多くの派があるらしいが、詳細は一読を）競って来日し勢力争いを展開し、一五九六年には強欲、悪業、高慢が目に余るものに増大して行き、その上、日本の将軍転覆を企てるポルトガル王への書簡がオランダ人によって発見告発され、一六三七年に全ポルトガル人追放令が出、通商も終る。

　この辺りから世界の強国による日本争奪戦が陰謀を伴って混み入って行く。

　これもなかなか面白い物がある。例えば、スペインとポルトガルに法王が通商を許して以来、法王を否定するオランダとイギリスはスペイン、ポルトガルと敵対関係にあって、互いに熾烈な拿捕襲撃戦を繰り返し相手を海賊扱いしていたらしい。

　一六〇〇年四月十二日から十九年～二十年間平戸から帰れず、将軍に保護され高い地位を与えれていたイギリス人が居た事が出てくる。この人が居た事で簡単にオランダが通商を結ぶ。ロシアはいろいろヘマをして結局成功しない。一番どんじりにアメリカが来るのだが、こんなつながりがあった事が記されている。

　一八三一年に一艚の小舟がアメリカ西海岸コロンビア河口付近に漂着した。乗っていたのが、日本人と言うから運のいい人であり、よくも太平洋を越えて生きて居られたと思うが、助けられ親切にされたが、結果日本に帰そうと、一八三七年平和目的である事の証として船から銃砲と装甲を取り外した「ソロモン号」であわよくば交易をと江戸湾まで来たらしい。所が武装していないと見るや、砲撃してきたと言う。（これ、まずいで、なんぼ鎖国でも、やり過ぎやで）

鹿児島まで逃げて来たら又砲撃して来たから、仕方なくその日本人を乗せたままマカオまで帰ったらしい。これが冒頭の内容だ。（このへんは、御上の方針だったんだろうけど、どう見てもおかしい。過敏に成り過ぎている）

一八四六年には通商目的で二艚の軍艦で江戸湾上に十日間居たが、上陸も出来ずその上「オランダ以外とは通商しません」と言われ、すごすご帰り、一八四九年には難破したアメリカ水夫十六名を保護する為すったもんだの交渉の末、引取りに来たりもしている。

そして、日本の産業、文学、美術、産物に及び、遠征決定やその可能性などについて述べられ、航海記へとつながっているが、この報告書はやはり政府機関に提出される為に作成されたものだけに、公的文書としての性格を帯びる為か、やたら尾ヒレが多く全てに於いて正当化を計るだけに非常に面白味が無く、ペリー提督の人間性などを感じ取る部分は全くと言って無い。（これは、ペリー提督の人間性に疑問を投げるものではない、横浜に上陸した時点で人の交流が始まり、隊員の埋葬や手土産の陸揚げ、後出の日本人通訳のポートレート撮影、相撲力士との出会いなど、そこに人間性が出ない訳は無いが、この書には残念ながら無い、提督自身プライベートな表現を好まなかったのかも）

歴史的には意味が或る報告書であっても報告書以上のものではないから、読んで見て、「なるほど、そうだったんですか、ご苦労さんでした！」って感じ。

これじゃァつまらないよね。ペリーさんも人間、くやしい、つらい、色々あっていいんだけど、そこは報告書。

これに引き替え、嬉しいのはハリスさんの日記。もっと自由でこだわりの無いのがヒュースケン君、さあ、そろそろ本題、生きた言葉で活写された当時の日本の人々の表情を覗きに文章の中へもぐり込んでみましょう。

どちらも日本迄来る為には、ケープタウン、セイロン、シンガポール、香港、マカオ、上海、沖縄を通過して、また各地で外交を展開して来るのだが、そんな中にも今なら一本の映画に成る様な、凄いドラマがたった数行の文章の中に隠されている。

最近のスピルバーグの「アミスタット」を見るよりも想像力を掻き立ててくれるシーンに出会う。彼がより大きな関心を持って居たから日記に書き込まれたのだろうが、もし当たり前の関心しか持っていなかったら、この時代では、ありきたりな日常の出来事でしか無かったかも知れないと思うと、凄い時代を覗き込んでいるんだと言う事が、少しは分かる感じだ。

その部分はこうだ、ハリス著『日本滞在記（上）』二七八ページ中段、シャムから一八五六年六月十二日十六時、香港に上陸、サン・ジャシント号のドック入りもあって、滞在中頻繁にマカオに往来している中での出来事だ。

同年八月四日、前夜ハバナに向かう三本マストの船が焼失し百二十人が死亡したとの噂をハリスは耳にして記入している。

たった数行だが、知らない言葉が出てくる。「苦力」読み方すら分からない。勿論ワープロには無い言葉、古い辞書を引くと「クーリー」と読む、（中国、インドの下層労働者、荷物の運搬などに使われた）元はインド語」とあるから、港や船内で働く人たちなのか、別の意味も有りそう。なんとも嫌な響きの言葉ではないか。(後には、英国のアーネスト・サトウなどは、日本の人夫、単に肉体労働者であれば、広い意味でクーリーと呼んで使っている)

その翌日、翌々日の日記はもう少し事件の内容が詳しくなる。ハリスはこれを新しい形の奴隷貿易における悲惨としている。ここで言う「新しい形」とは、どんな意味なのか、クーリーはやはり奴隷?、クーリーは浮浪者、盗賊、海賊からなる最も性悪な階級とも言っている。奴隷だとすれば元々性悪だからではなく下層に置かれたからだろうが、この時代ではそこまでは見えていないのか、ハリスは不満の為脱船を企てたクーリー達が火災を起こした時、船長は警戒を怠り酩酊していたと言い切る。船長は散弾を込めた短砲二門を甲板に群がるシナ人クーリーに発射したと伝えている。「短砲」聞いた事もないが、小さい大砲だろう、それも散弾。船長側はパニックだろうが、映像化すれば、皆殺しだ!。

こんな事が現実に起こっていたと思うだけでも恐ろしいではないか。我が国がこの時代、永い鎖国であったからこそ、歴史上奴隷の経験がなかった事の反面を見る事が出来る。

その同じ時、ハリスが雇った裁縫師が賭博でスッテンテンになり衣類毛布まで質入れした物を出してやろうと優しい所を見せている。ハリスに借金を断られた裁縫師はトンズラを決めるが、四日後ハリスは前払いした金の事で裁縫師の保証人を訪ね、すぐさま保証人は裁縫師を連れて来る、その時裁縫師は手足を縛られているのだ、時代が時代だからか、物か家畜扱いの様で、それでも裁縫師は又逃げて、また捕まり艦に乗せられ、マカオと香港で同じ事をやったと罰金を課せられ、次の日、日本へ向けて出航し二日後の朝に台湾島を見ている。

言葉だけを追って行くとすんなり通り過ぎてしまいそうだが、想像すれば、そんなに逃げ足の早い裁縫師を艦内に止めて置こうとすれば、手足を縛ったままとか、足枷とか、鎖とか、牢、しか無かったのではなかろうか。言葉も通じないと成れば、説得もまま成らないだろうし、召使頭と言うのが居るけど、これも完全に通じたとは思えないから説得出来たとは考えられない。

するると扱いだけで見れば、雇ったと言えどもハリスさん、裁縫師は奴隷状態ではかなったたか。時代を甘く見ている訳ではないのだけれど、キリスト教的発想では異教徒は悪魔だったり人間じゃ無かったりする所から奴隷が存在する。古くはプロテスタント信者の迫害や、後のヒトラーのユダヤ教迫害が起こたりしてるし、ましてやアジアを見る目は、アヘン戦争を見るだけでも、アメリカ人ヨーロッパ人と同じであったとは思われない。

勿論この裁縫師は契約社会から見れば、ルール違反でとんでもないヤツなんだけどね、、。

（そうそう、奴隷船の苛酷さを実感なさりたい方は、もう百年ぐらい古くなるけど、『ガレー船徒刑囚の回想』をどうぞ、ボクは辛ら過ぎて半分も読んでないけど、、）

第 三 章

さて、ヒュースケン君はこの時、何を見ていたかを平行してのぞいて見よう。

軍人であるペリーに比べれば一般人と言えどもハリスはアメリカ政府の代表総領事。大統領の命を受けての航海、その航海日誌だから、私的な事柄は極力避けようとするものである。それでもよく感情的な部分が出ていて面白いのだが、ヒュースケンはもっと私的感情を自由に表面化しているから筆者などは親近感を感じるのだろう。

香港に着いたヒュースケンは「イギリスと云う怪物は、東西両インド諸国の有望な土地が王室のものに成ると、きまってそこで奇蹟を起こして見せるようであるが、この香港にもぬかりなくその姿を現わした」「海賊の溜り場には瀟洒な家が建てられ（中略）いまでは世界各国の船でいっぱいになり」とさっそくイギリスをバッサリ切り捨てて居る。

父の死後病弱の母をアムステルダムに残して二十一才の時アメリカに商売をしに移住をするのだが、転々と仕事を変え、ひどい暮らしをしながら、三年半なんとかやっていた程度のありきたりの青年で、特別な才能を持っていた訳では無いが、ヒュースケン自身が日記に残した言葉の様に「たまたま日本駐在の合衆国総領事が通訳兼任の書記を捜していると言う事を耳にした。（中略）にわかに思いたって、私は応募し、採用された。軍艦に乗って出発し、今このチュウキャン河にきている」と。なんでも無い貧乏青年が、突然公人となった瞬間である。

日本の公用語が唯一蘭学しか学んで来なかった為オランダ語であった事から一人の青年の人生を変えて行くのだが、オランダ語なら誰でも良かったと言う事ではなかろう。採用するに当たっては充分にその人柄性格は審査されたと考えるべきである。何故ならその上司であるハリスですら総領事に任命されるまでは大変な努力をしていた事を考慮すれば理解出来る。

ヒュースケンの面白い所は、青年によく見る大雑把な所だろう。日記はよくぞ残してくれただが、日付などはハリスに比べると全くいい加減である。香港に着いた一八五六年六月十二日の日付のまま六月中の出来事を思い付くままに綴っている。船名などもいい加減で、全然こだわってない所から大雑把な青年像がうかがえるし、結構行き当たりばったりの楽天的な性格だったようだ。

軍艦と言えども蒸気エンジンで耐久性はそこそこで、やっとの事でサン・ジャシント号に乗り込み、六月一日正午に航行を始めるが敢え無くエンジン故障を起こし、動いたり、止まったりしながらノロノロと香港に六月十二日やっと辿り着いている。

ドックで修理をして七月十日に再出航したが、一マイルでプロペラ故障、又ドック入り、三度目の正直で出帆するが香港に着いてから二ヶ月掛かっているから、随分いい加減なメカ精度だった事が分かる。

その間ヒュースケン君は呑気に飛び回ってるが、ハリスはイライラだ。忍びがたい思いでこの遅れからくる召使いの賃金の計算をしている。

一方ヒュースケンは広東からマカオに行ってスケッチ画を描いている。今見ても印象派風でこの時代の一青年がこれだけの画力を持っていたとすれば、後の印象派の画家達は大した者では無い様だ。

時代感を感じる注釈を見付けたので挿入する。一八五六年七月三十一日に駐日総領事の任命が上院で承認されている。この日ハリスの友人の海軍大尉からの手紙の中に「我々は民主党の大統領を持つことになると思う、だから貴下は、好きなだけ長く日本にとどまることができる」と在る。後に共和党のリンカーンが大統領に成った時、その職を退くのだ。

一八五六年八月十二日火曜に香港を出航し、時速八ノットから十ノットで進み、ジャンクや幽霊船に出会いながら十八日には屋久島を見ている。ヒュースケンは八月十三日「下田に向け出帆」とだけ有り、簡単なものである。

八月二十一日木曜午前六時、九日間で御前崎に来て、下田港へ水先案内されている。到着すると三名の役人と二名の通訳に会っているが、その中の一人に名村姓の通訳が居る。この姓が色んな所に出てくるので、今筆者だけだが気になって仕方ない。

一人は一七二二年（享保年）長崎出島で長崎奉行がオランダ商館に家康と秀忠が与えた来航許可朱印状を一度見たいと通詞名村八左衛門を使いにやっている。

二人目は一八五四年ペリーが二度目に江戸湾まで来た時の（ペリーの航海記には首席通辞堀樽達之助、第二通辞香山栄左衛門だが、通辞には、大通詞、小通詞、大通詞助役、小通詞助役、同末席、稽古通詞、同見習、とあり世襲職で、古くは平戸組に名村姓が出ている、『日本遠征記（三）』のイラストには第三通訳名村とあるが、二名の内どちらかは不明）通詞名村五八郎の当時のハンサムな銀板写真が写真家と年代のサイン入りで残っている。

これは驚きと言うしかない。（よくぞこの十五年前にダゲレオタイプ写真を発明して置いてくれましたルイ・ジャック・マンデ・ダゲールさん。この時のカルチャーショックは大きかった様で後に日本人の写真家も生まれるのだ）

そしてよくぞ、その写真を残して置いてくれました。この写真の表情が又驚きなのだ。他は緊張した表情が殆どで在るのに、この写真だけが何ともなごやかな表情である事が信じられない程以外なのだ。

今見てもとてもいいポートレートでリラックスしているのだが、この時特に冒頭で紹介している様に、江戸では大変な騒動に成っていた筈なのだが、その中に在ってこれ程おだやかな表情を見せると言う事は、史実に見る緊迫感はどうだったのか疑いすら抱きそうに成る。それにそれぞれが決まって言う様に「役人としては嘘つきだが個人としては誠に気さくで明るく良い人格」との証拠だろうか、それにしてもまるでピクニック気分に見える。御上（幕府）がいくら慌てふためこうが、庶民や下級武士には無関係だったのかも。それにアメリカの動向を事前にオランダからの情報で知っていたと言う情報もある。

そして三人目が今回の名村常之助だ。これは想像に過ぎないが、実は五八郎その人ではないかと私は思う。たった二年後で代が変わる訳は無いので、それに一八六五年十二月の遣露使節団の中に十五～六才ぐらいの若い名村五八郎の写真があり、どことなく似ている気がする。

一八六六～六七年頃の撮影らしくロシヤ服の写真もある。ちょっとややこしく成ったが、武家のしきたりとして、幼名、元服時、家督を継ぐ時と三度ぐらい名前を受け継いで行くぐらしいから、ペリーの時一緒に来たE・ブラウン・ジュニアに横浜で撮影されている五八郎は、息子の元服（十一歳～十五才）で五八郎（実名？）の名を譲り常之助を名乗り、と考えても可笑しくない。

これより百三十二年前の八左衛門さんは何代か前のお爺さんと言う事で、代々通詞の家柄で秀才の家系と言う事だろうか。（因に、この頃の日本では通称が多く、何兵衛、何左衛門、何々の守、もそうで反乱していたから、もっとややこしい！）

これは今後のテーマとして機会が在れば調べてみたいと思っている。（所で、当時の日本側通訳がマスターしていた蘭学いわゆるオランダ語だが、それはそれは大変な苦労をして勉強したのはわかるが、純粋ではあるが変遷や進歩を無視した、二世紀も前の古語の様なものだったらしい。だからヒュースケン君の近代的な語法をにせものあつかいしたり、日本側の通訳がヒュースケンのオランダ語は文法的にでたらめだ、と非難している事をオールコックさんは「おそれいる」とおっしゃっている。鎖国だったからね）

さて、うれしい事の一つに日本で見る光景をそれぞれが美しいと絶賛している部分だ。その部分を読むと筆者まで「どうだ、まいったか、美しいだろう」と言いたく成る程だ。ハリスは船上から御前崎を見ながらこんな表現をして居る「夥しい漁舟である、さっぱりとした、よい着物をまとった日本人の容姿が気に入る。快い眺め。漁舟の群れが美しい」こう言う所は一緒に船上からすがすがしく眺めている様な気分にさせられるものだ。

明治の風刺漫画を残したビゴーさんも帰国後、日本の風景の油絵を残したと言うし。初代駐日公使でハリスやヒュースケンと会っているイギリスのラザフォード・オールコックさんも、江戸市中を「この首都には、ヨーロッパのいかなる首都も自慢できないようなすぐれた点がある、、、」として、市中で乗馬が出来る事や沿道の緑が「目を楽しませてくれる」「郊外に出るとすぐに、美しいないしさっぱりした風景を目にする事ができる。この風景と太刀打ちできるのは、イングランド地方の生垣の潅木の列の美しさぐらいなものであろう」

又、江戸城のお壕の付近では「この壕には、、、何千羽という野鳥が、しずかに住みついている。、、、ひじょうに浅い所では、エジプトの霊鳥トキが、、、おごそかに餌をつつきまわって、楽しんでいる。、、コウノトリ・ツル・ブンチョウ類に属する鳥は、ことごとく農民にたいへん気に入られている。その数は、ひじょうに多数である」。

開国を果たしたペルリ提督の『日本遠征記』にも、「日本の法律を曲げてフィルモーア大統領の親翰や信書を受け取ったのだから、速やかに立ち去れ」と言われて居るにもかかわらず、それを無視して、江戸湾の測量をつづけ（この辺が嫌な軍人だが）ボートを出して河を漕ぎ上げ村に迄到達し村人の歓迎を受けている。

直ちに役人が現れ静めているのだが、その感想をこんな風に綴っている。「艦載ボートが測深から帰って来ると、士官達や部下達はすべて、日本人の親切な気質と国土の美しさに、有頂天になっていた。実際眼の向く何処でも、風光絵の如く、それ以上美くしい風景は他になかった」と喜んでいるが、アメリカの法律以外には縛られないとする軍人ペリーは国際的には正当かどうかは知らないが、日本側からは全くの無礼と見える。

では大統領も同じ姿勢なのか、フィルモア大統領は何と言って来たのかその中身を見てみよう。

そのままでは硬過ぎて読む気にならないかも知れないので、筆者の得意語、現代会話調で出来れば大阪弁も加えてやわらかく膝元まで近付けてみたいと思う。

第四章

アメリカ合衆国大統領　ミラード・フィルモーアより
日本皇帝陛下に呈す

偉大にして、よき友よ。（ここまで原文のまま以下著者現代語訳）

私はこの公書を提督ペルリに持たせ陛下にさしあげる。この者は海軍最高地位の士官で、今陛下の国を訪ねている艦隊の司令官です。

私はペルリに、私が陛下の政府に親切な気持ちから、その目的は友好を結んで、おたがいに商売しましょうと言う提案を、陛下にきっぱり言うて来なはれと命じたものです。合衆国の憲法や法律は他国の宗教や政治に干渉するのを禁じてます。私は陛下の国の平安を乱す様な全ての行為はするなと、特にペルリに言うて聞かせております。（オイオイほんまかいな？）

アメリカ合衆国は、太平洋と大西洋に面し、オレゴン地方とカリフォルニア州は日本に相対していて、汽船で十八日で着く事が出来ます。

カリフォルニアは毎年、六千万弗の金を産出し、銀、水銀、貴金属など多くの価値有る物を産出します。日本も豊な国でしょうから、物資も技術もお有りでしょう。お互いに交易をして双方共に利益を得ようと言うのが私の希望する所です。

そちらの政府の古い法律では、シナとオランダ以外は貿易を認めていない事を私達は知っています。けれど世界は変化し、多くの新政府が出来ており、時代に応じた改正が必要でしょう。あなたの国の法律が制定されたのは相当昔ですよ。

その同じ昔に新世界と呼ばれたアメリカが、ヨーロッパ人によって発見され植民されたのです。始めの内は人も少なく貧しかったが。今や増大し、その通商も拡大し、その上陛下が両国間の自由貿易を許されたら、両国に利益が生まれると想像します。

もし、陛下が今の法律を改正しないと仰有るなら、五年や十年の期限付実験をされるのも良いではないですか、そこで利益が無ければ、元に戻られたらよろしいし。合衆国は、しばしば諸外国と二、三年に限って条約し、希望に応じて更新、又、しない事もあります。

私はペリルに命じて、陛下に他の事も伝え要求したい。我が船舶は毎年カリフォルニアからシナに行く者多く、日本沿岸で捕鯨操業する者も多く、その内で難破する事も度々あり、そんな時は、他の船舶を送って人や財産を運ぶまでは、我が人民に親切に、その財産保護して下さる事を願い又期待します。

日本国内には石炭や食料が豊である事を聞き知っています。汽船が太平洋を渡るには多量の石炭を焚く、それをアメリカから積んで行くのは不便、願わくは日本に停泊して供給を受ける事を許して欲しい。その支払いは金銭又はあなたの国の人々が好む物でしましょう。又、わが船舶がこの目的の為に停泊出来る港を南部地方に指定される事を要求し熱望するものです。

私が強力な艦隊でペルリを派遣し、陛下の有名な江戸を訪問させた唯一の目的は、友交、通商、石炭食料供給、難破民保護、です。

わたしはペルリに命じて、陛下が二、三の贈り物をお納め下さる事を心より願います。その贈り物はすごい価値と言うものでは無いが、合衆国で作られた品物の見本となる事でしょう。まずはこの品物を以て我々の誠実と敬愛の友情を示そうとしています。

万能の神陛下に加護をたまわらん事を！ここに証しとして合衆国の印を捺し、わたしの名を記す。アメリカ、ワシントン市、我が政府内の自席において。

敬具

一八五二年十一月十三日

ミラード・フィルモーア

（捺印）

副署　国務卿

エドワード・エヴアレット

ざっと読んだだけでも分かる様だが、決して失礼な内容の文章では無い。寧ろ「万能の神」とまで崇めたてた丁寧さで、最上級の敬語をちりばめている。庶民感覚からは可笑しいぐらいだが、それなのにペルリは宗教と政治への干渉すらしていないが、「平安を乱すべきあらゆる行動」には、威圧的態度で触れていると筆者は思うがどうだろうか。

イギリス公使オールコックさんは「大統領の指令は、戦争の威嚇または武力の行使をいっさいつつしむようにというのであったことを、われわれは知っている。、、、、、、だたひとつ、日本人のうけた印象は、大統領の指令に示されているようなものではなかったということだけは確実だ」と言っている。

鎖国制度をこじ開ける為に来たのだから仕方ないと思うが、「立ち去れ」と言われても江戸湾の測量をつづけたのはどうかと思う。この文章にした所で、鎖国制度は当時の日本の法律なのだから、それを変えろと言うのは、この時点では、通商がしたいが為のアメリカの身勝手な立派な内政干渉だと言う他ない。

無礼は無礼である。

　但し、この史実が無ければ現在の私達の近代的又はメカニカルな国が存在しないのだし、躍動する世界の歴史の必然とも言える。

　では鎖国がいけないかと言えば、そうとも言い切れない。現代の多様な価値観から言えば、近代文明に犯されない事の良さも存在する。

　つい最近までヨーロッパの外れに鎖国を続けていた小さな国が在ったと聞くし、アメリカ自身の中にも鎖国同然に十八か十九世紀の生活様式を、かたくなに守り続けている人達が居る事をアメリカ自身が現在も内包し続けている。と成ると、「鎖国していて何処が悪い」と言う事に成る。躊躇し続ける日本側をアヘン戦争の結果情報一つで条約締結に持ち込んだハリスはやはり恐怖を武器にしなければ不可能だったのではと思える。

　イギリスが必ずしも日本に植民地政策を取るに至ったか、日本側に外交能力が皆無だったかは分からないが、もしなど本来無いのだが、もっとゆるやかな開国をしていたら、もし、アメリカが来なかったら、想像は無限に広がって行く。どんな日本が残ったのだろう。

　オールコック氏に言わせると、この時期の中国と日本の違いについて「ヨーロッパと東洋の相対的地位を完全に変えてしまった諸変化を、中国よりもよく理解し、評価することができたと信ずべき理由があるようにおもわれる。それは、ひとつには、目の前に現われる事実の真の意義を中国人よりもすばやく、また適応性をもってとらえたことにもあるようだが、同時にそれは、彼らがオランダ人との関係を保っていたことにもよることが大であろう。海をへだてた世界において実際に起こっていることについて信頼すべき消息をうることのできる門戸がこのように開かれていたのである。第一回の英仏対中国の戦争が終わりを告げたのち、はやくも一八四五年に、オランダ人が本気になって日本人をして避けがたい変革にたいして精神的に準備させようとしたことは、ほぼ確実だ（オランダは、一八四四年二月十五日付けの国書で幕府にたいして、アヘン戦争の例をひいて開国を勧告し、特使を派遣したが、幕府は翌年七月五日付けの返書でその勧告を拒絶した）。、、、、のちのいっさいの進展を左右したペリー提督の成功の多くは、それに先立つオランダ人のこのような努力のたまものにほかならないといってもあながち間違ってはいないように思う」と言う事だ。

一方ハリスの通商条約については、悔しさに満ちた文章に成ってる所が面白いから、順を追ってかい摘んで引用して見るが。（より原文の複雑な表現を堪能されたい読者はオールコック著『大君の都（上）』の第十章を通読されたい）

まず、「大英帝国がフランスと組んで、中国における要求を遂行するために大軍を集結させていることと、、、近々英仏両国とロシアまでもが全権を派遣するという風評、こういったことはすべて疑いもなく、アメリカ代表の主張するおだやかな論議に重みを加えた」この交渉の基礎がここにあると彼は言う。

「なぜならもし拒絶すれば西洋世界は諸国の力を結集してその障壁を打ちこわすであろうということ」「手段はただひとつしかのこっていない、すなわち、それは当時、ただひとり、一隻の軍艦の護衛もつけていない合衆国の代表と条約を締結することだ、、、こうしておくならば、、、大艦隊をひきいて舞台に登場したときに、、、それの回答が用意できていることになる」とハリスの交渉の手口を追跡している。

「攻撃は巧妙に計画された。アメリカ代表が、イギリスとフランスは白河で勝利を収めた軍隊をもってすみやかにやってきて、新しい条約を結んで利益を拡大することを主張するだろうと確信していたのか、それとも、、、運命の神が行く手に投げ与えてくれた手段だと見なしたのか」「このアメリカの外交官は一見独力でアメリカ政府の具体的支援もないままに、、、この任務を遂行するに足るだけの能力を十分にもっていることを証明した、、」「かれは、英仏連合艦隊を利用し、、、白河における連合艦隊の大砲の余音とその勝利のうわさがまだ大君とその側近の耳に生々しいあいだに、そのすべての努力の目的を達成できたのである」

そして、「抜け目なく利用したからといって、ハリス氏はとがめられるべきであろうか。われわれは、かれがそれを（心理的圧力）の手段として用いる権利にたいして疑問をいだいてもよいかも知れない」と《他人の褌で相撲取る》に触れ、「一方では、かれは自国政府の（平和的かつ友好的な政策）を論証していた。、、、（侵略戦争をしかけるために、、、艦隊を派遣しておくようなことはしなかった）」というのである。

ところが、他方では、「かれは自分が非難していた交戦国の力と威信によって効果的に助けられることをもとめていたのである」と利用された側の悔しさを述べ、「イギリスの好戦的・侵略的行動ということについては、過去二十年のあいだ、中国においてもその他の地域においても、イギリスが自己の費用と危険をもって東洋海域で戦ったときには、いつでもひんぱんに耳にしたことであるが、これはイギリスだけというよりは、西洋世界全体が行なってきたことであった。しかし、このイギリスの行動が今回ほど決定的に非難されたことは、いまだかってなかった。しかも今回は、新しい国においてであり、平和の使徒（アメリカ合衆国代表そのひと）の手によってであったのだ。戦争中の連合国（英仏両国）をこれほどたくみに利用し、日本人にはおそるべきもののように思わせ、、、大遠征の出費をかけないのに遠征したと同じだけの利益と信望を合衆国に与えるように仕組み、他方大英帝国には、好戦的でもあり、うるさい国でもあるといういまわしい評判だけがのこされた。、、、まさに達人のわざであった。」と皮肉たっぷり、ハリスにまんまと出し抜かれた上に、国の威信にドロを塗られ、地団駄を踏んでいる光景が手に取る様に伝わって来る辺りが、他には見られない見聞記物のおもしろい所である。

しかし、やはり好戦的な人物であった、大名行列をさえぎったとして馬上の外国人が切り捨てられた《生麦事件》の賠償を引き出すため英国艦隊七隻を率いて要求を突き付け、薩摩（鹿児島）を報復や、関門海峡を封鎖している長州（山口）には英国、フランス、アメリカ、オランダの軍艦十六隻総砲二五二門の大艦隊で砲撃している。（艦隊には何故かイギリスから帰った伊藤博文と井上馨を乗せて）

そして又、京都に足止めされているタイクーンとミカドに直接談判をするため連合艦隊が兵庫から大阪に向かっている。

市中を見物し、ボートで河を昇り、安治川橋から大阪城の真下の京橋まで来たのだ。あたりは黒山の人だかりだったとか。（そりゃそうだよ、今まで外国人なんか入れなかったんだから、強引にこじ開けられた感じで、まるでレイプをされてるみたいなんだけど）

今迄あまりに知らなかった事、つまりドラマで見ている様な、内側から見た綺麗事だけが歴史では無い、と言う事を思い知らされる気持ちに成る。

艦隊が和歌山由良を通過して大阪湾に進入し大阪城を確認するあたりは、まるで映画のシーンを見ている様で時代の風景が浮かんで来る。

その克明な様子は、アーネスト・サトウ著『一外交官の見た維新（上）』に詳しい。

バンバン打ちまくったり、我がもの顔の振る舞いが、いかにイギリス主導の艦隊の威嚇の圧力で、当時の幕府が赤子の手の様にねじ伏せられ四苦八苦していたかが、日本人としては情けないが、手に取る様に伝わる。

そして明治維新への行程に、薩長にはイギリスがオランダと共に、徳川にはフランスがドイツとイタリアと共に、アメリカは自国内が安定していなかった為か中立の態度を取り、新政府と諸外国が綿密に絡み合って行く姿が見える。

アーネスト・サトウはこう書いている「われわれイギリス人は、これらの競争国よりもいっそう注意深く日本国民の脈をとって、政治上の容体をよく診察していたので、一八六八年、一八六九年（訳注　明治元年、同二年）においてイギリス公使の威信は全く素晴らしかった」と、ぜひ一読を。

ハリスを我が友と呼ぶ、オールコックさんも日記にはその時の感情を圧し殺す力を持ち合わせなかった様で、人間臭くていいが、なんとも回りくどい文章には少々閉口する。英国気質と言うのか、時代の特徴かとも考えたが、終始通されるこの文調は彼の個人的性格にもよるものだろう。それに頭の中に常に国益があって、東洋の最東端の異文化の国を、英国紳士特有のユーモアを持って語る力はあまり持ち合わせていなかったようだ。

第五章

ヒュースケンのユーモアに満ちた素直な驚きは、日本人の当時の暮らし振りを、見事にソフトなタッチでスケッチしている。彼の見ていた網膜たる文章を借りて、驚きの時代の「覗き見探険」の醍醐味を味わおうではないか。

下田に到着して（一八五六年八月二十一日）二人は玉泉寺に落ち着くが、丁度一ヶ月後に下田は台風に見舞われ、ヒュースケンの日記によれば、町の三分の一が破壊されたとある。玉泉寺は下田の港の対岸の小さな半島の付け根部分の高台の中腹に在って、港や下田の町が手に取る様に一望出来たであろうと思われる場所で、（現在では民家が取り囲んでいる）歩いても下田までさほど距離ではない。

実は筆者は十年程前に、ヒュースケンがどの様な容貌の人物であったかを知りたくて、銀板写真を見る為、同寺のハリス記念館を訪ねた事がある。

漁師町風の湾添いの道の山側に露地を入った所に同寺は有る。印象としては、こんな小さな寺に永く居たのか。墓地も猫の額と言ってもいいくらいで、境内と言える程の広さは無い、以外に粗末な寺であった。

ここで牛乳を絞ったり食肉用の牛の屠殺をしたとあるが、どこにそんなスペースが有るのだと言うくらいだった。掲載されているヒュースケンの当時のスケッチ画では広々としているし、ハリスは「部屋は広く、たいへん綺麗で、清潔であるから、、気持ち良く滞留出来よう」から、後年狭く成ったのかも知れ無いが、寺の形は現在も同じ形だし、墓地が狭いのも同じ様だ。

こんな所で見張りの役人まで居たら、さぞ息苦しかっただろうと思えた。それに条約交渉後体調を悪くしたハリスはヒュースケンと江戸からここへ戻って、死ぬ前のお祈りまでしていたのをふと思い出してしまった。

それが後に慢性の消化不良だったと分かるが、笑ってはいけないが、思わず吹き出しながら寺を出た。何を食べていたのかを言う前に、条約文作成交渉中のハリスは終始眉間に皺を寄せていたのだろうか。見た訳でないから分からないが、困難な交渉を粘り強く続けた事や、何度も同じ事を嫌と言う程繰り返した事だけは日記からも知る事が出来る。

彼の胃の活動を極度に低下させる程進展しない苛立ちがあったに違いない。それに運動不足が加わり、神経性の消化不良に陥ったのだろう。

ヒュースケンも同時に通訳にあたったのだが、介抱する側に居たと言う事はハリスは多少神経質で、ヒュースケンは輪を掛けた楽天家と言う事か。

周囲が深刻に成るほど具合が悪く成ったのだったが、良く成りかけた頃ハリスがアヘンを吸っていた事までヒュースケンは書いている。

同寺では観光客の姿は、筆者以外誰にも会わなかったし、失礼だが、さびれた感がぬぐえなかった。たまたまかも知れないが関西では見られない嵐の様な凄い土砂降りに見舞われたり、もろに太平洋の天候の影響を受ける土地柄である事を実感したものだ。小雨の中、木の葉の様な遊覧船に乗ってしまったりもした。

その写真は、古い物だから不明瞭なのは仕方ないが、下田では無く江戸麻布善福寺で撮影されたものらしい、八人の日本人男性の中央に英語学習の住み込みの少年をはさんで、右にハリス氏、左にヒュースケン君が写っている。

ハリスの顔の部分は写真が壊れて分からないが、ヒュースケンははっきり分かる。どちらもまわりの日本人に比べ長身だが、当時の日本人の身長が百六十センチそこそことしても頭一つとまでは行かないから、百七十五センチぐらいで、ハリスは百八十センチぐらいだろうか。

どちらも立派な体格で、ヒュースケンは少々イカツイ顔つきだ。この顔で日本語もこなし身軽に動きまわり、仕事が出来、友人も多く、他の外国人達から人気があり、遊びもうまく洒落た男だったらしいから、愉快な青年であった事だろう。（下田に到着した時ヒュースケンは二十四才、ハリスは十月に誕生日を迎えで五十二才に成る。十月四日の誕生日前に大釘を左足で踏み付け傷に悩まされているハリスは、煙草をのみすぎた。断然止めなければならない、と真剣に書いている）

ヒュースケンは翌朝瓦礫の中を見て回っているのだ。

「しかし、日本人の態度には驚いた。泣き声ひとつ聞こえなかった。絶望なんて、とんでもない！　彼らの顔には悲しみの影さえなかった。それどころか、台風など関心がないという様子で、、、」「修復するのに忙しく働いていた」三分の一と言うのは大変な惨状でその中で彼はこんな光景を見ているのだ。

「浜辺には帆柱が散乱し、倒壊した家屋や船の破片がうずたかく積まれていた」と言う。下田の人がいかに台風や地震に慣れっこであったとしても惨事は惨事である。地震や津波、特に台風は毎年しょっちゅうやって来る国の、決して珍しく無い、天災に逆らわない日本の庶民とそのたくましさ、特に日本人のいつまでも泣き叫んだりせず感情をあらわにしないねばり強さに、驚きを隠せなかった様だ。（前出のオールコックさんも、地震には、日本人には異常に感じる程の反応をしている。以前筆者は、ベルギーのブルージュと言う古都を訪ねた事がある。十五～六世紀の中世の町がそのまま残っていた。それどころか首都ブリュッセルの町中でさえ十八～九世紀に出来たアパートに今も生活している。この国ではそれが贅沢と聞いた、石造りとは言えヨーロッパがいかに地震が少ないかを想像した事があった）

「日本では普通のごくおとなしい牛馬までが、われわれに出会うと眼がさめたように元気になり、後脚で立ったり、跳ねたり、重い荷物を積んでいるのに全速力で駆け出したりする始末」「犬などは、、、われわれを見るとひどく騒ぎたて、町じゅうの犬の大合唱になり、、、馳せ集まって、、、跡をつけて町はずれまでくると、そこで郊外の犬に吠える権利を譲渡する、、、猫だけは、、、苛酷な法律に従わず、無頓着に、、、見つめている、、、この冷淡な動物が最上の接待役であるというに至っては、私もずいぶん落ちぶれたものである」

翌年の二月二十五日の事だが、今で言う警官の監視に付きまとわれ、相当頭に来ているようで、下田の住民には接触を禁じる命が出ていた様でとしながら、ヒュースケンが町に出ると「まるで人類の敵に追われているかのように逃げ去る」のだ。

おふれが出ていたかどうかはわからないが、この時代を考えると、（長崎などは別にして）町の住民にとってはアメリカ人であるとかオランダ人であるとかの区別の出来る状態では無かったろうし、「異人は恐ろしい」と言うのが一般の通念および固定観念であったとされている。

浮世絵にも鬼の様な表現があったり、信長の時代にオランダの宣教師団が尾張の信長を訪ねた時、宣教師の一人が眼鏡を掛けていた事から（四つ眼の異人が居る）と評判に成り、黒山の人だかりで、宿から出られない珍事があったぐらいだったから、御触れが無くとも、（異人は恐ろしい）と思っていた筈だ。

その上で牛馬やうるさい犬にまで吠え立てられたんじゃ頭に来ないほうがおかしい、筆者なら嫌になっていただろう。

役人のスパイ行為と日本の習慣とする非礼にハリスはこう言ったらしい「外交官の不可侵性は世界の全文明国に認められている、、、日本政府が国際法を踏みにじることによってみずから招こうとしている全文明国の怒りと報復に対して、、、責任を負うことはできない、、、合衆国の代表者を囚人扱いしている守衛を即刻退去させることを要求する。さもないと、、、公表し、貴方がたはその責任をとらねばならなくなる、、、」。

これは効き目があって、書記もスパイも守衛も即居なくなった様だ。

しかし地方の奉行が国際法なんて知っていたのだろうか。ヒュースケン君は警官の尾行も無くなり、民家を訪ねたり、話す事や、若い娘も恥ずかしがらず、逃げたりせず、牛馬も（これは国際法が効いたとは思えないが）驚く様子も無く、首尾は上々の様なヒュースケン君なのだが、「犬だけはその方針を忠実に守り、、、到着した日とすこしもかわらぬ大声で吠えたて、はげしく牙をむきだすのである」のだそうであった。

ここで少し考えてみたいと思う。

御触れについてだが、情況からして、恐がって逃げていたのが普通であって、若い娘が逃げたりせず会話をしたりと言う方が不自然、むしろこちらの方に奉行からの御触れ、お達し、の類で（平静を保つように）との住民への特別の通達があったのではないかと思う。それで無ければ当時の庶民がそんなに急に対応出来る筈が無い。

一八六七年（これの十年後）の将軍徳川慶喜の大阪城での外国諸公使引見のためハリー卿の通訳として

大阪に居たアーネスト・サトウが自分で書いているが、この人は夜遊びが好きで、公使館にあてられた寺町の長法寺の塀の割れ目から護衛の目を盗んで抜け出し、三人と日本人青年一人で色町へ遠征している。日本人青年の名で部屋を取ったが、芸者たちは肝をつぶして逃げ出し、あげくには店の亭主から「ぜひ帰って下さいと、懇願」されている。

本人も「われわれは大阪の女たちにとっては、興味と言うよりも、むしろ驚愕の対象になっていたのだ」と、これがヒュースケン君が犬に吠えられた時から異人に対する十年後の情況であり、それもプロの接客業の女性たちですらこんな様子だったのだから、下田の若い女性が、恐ろしいと迷信のように思い込んでいる異人に対して、それを堪えてよく我慢したものだ、と見る事も出来るのではないだろうか。

下田の犬たちよ、よくぞ吠えたと、変な応援をしてしまうが、実は筆者も吠える犬はあまり好きではない。

それに監視や尾行は気分の良いものでは無い事は決まっているが、果たしてスパイ行為が存在していたかである。

もし、日本側が本気でスパイ行動を取るとしたらどうだろうか、直ぐに気付かれる所に置く様な事をするだろうか、忍者隠密がこの時代にまだ存在したかは分からないが、気付かれる様なヘマはしないだろうし、姿すら見せなかっただろう。

一番安易な方法は日本で雇われた下僕にその役割をさせればいいし、この場合その必要も無かったろうから、それよりも見ただけで驚いて逃げ出す日本人が、いつ何ん時、危害を与える側に成らぬとも限らないと言う懸念はあっただろうから、奉行側の言うハリスやヒュースケンたちの警護は間違いないだろう。

それも日本式の手厚くと言う所の行動パターンが呑み込めない彼らに、疑惑を感じさせたかも知れない。

第六章

特にスパイ視された目付け役人や、事細かにメモを取る書記については、奉行達に取っては、何事も初めてのハプニングの中での、事務的な手抜かりを防止する為の、たぶん必然だったのではと推測する事が出来る。

国際法を持ち出してまで抗議したのは、それだけハリスとヒュースケンが見知らぬ地で、そうとう神経過敏な情況下にあって、孤立感や苛立ちを抱いていた様に感じるし、それまでの旅行記などから得た先入観も大きかったのではなかったか、「相互監視の制度によってのみ、政府は権力を維持している」と半年ほどで決め付けている所からも先入観による懐疑心を持っていたであろう。

それに対して一方の受け止めるべき者は、長崎と同じ老中直属の遠国奉行ではあるが常に外国代表に接する長崎奉行とは大違いの、のどか極まる下田の地方奉行達であって、比較すれば長崎より江戸に近い点ぐらいで、殆んど、分からない状態で対応している。

ハリスの日記には、恥ずかしくなるが、奉行側がハリスに直接（領事の権限と特権）について質問をしている。（この時点で、「領事」と言う言葉が日本には無かったのだった）

そして説明を受け、さらに「彼らには初めての問題なので、それに関する知識に暗く、そのために一層の不安をおぼえたのであった」とハリスはその印象を残している。それでもまだ理解出来ていないと見たのだろう。

その前に二年前の地震で壊滅した下田は復興中であるので、一年後に来られたら家屋を用意しよう。又江戸は十ヶ月まえの大地震で荒廃していて無理だと言ってるが、ハリスは国命で来たからそれは出来ないと強引である。（すでに条約にあるとしても、領事を送るとの通信が有っても良かったのに）

最初の交渉事は通貨の交換レートであった、解説によると一ドル銀貨は一分銀三・一一個らしいが、日本側は三分の一に評価して、最初は二十五％、海外では二分の一％と聞かされて、六％の上、手数料まで上乗せしたらしい。

この辺りは、結構日本側も高飛車な態度が表われている部分だが、それもハリスから聞いて判断している。その逆に、後に成って、日本では金の価値を低く見ていた事で、安く買える日本の金がどんどん海外に流出し、横浜の外国商人にボロ儲けされ、幕府が青ざめる様な重大問題にも成って行く。早く言えば、あまりよく海外レートが分かっていなかったのだった。次に長崎港をアメリカ船にも開く事と治外法権がみとめられたそうだ。

翌年の五月二十一日、ヒュースケンは自分の為の馬を手に入れて得意に成っている。しかしである、ハリスに言わせると、あまりいい馬ではないらしいし、乗り手としては上手くはないらしい。その事もあるがむしろ「私が日本に着いてから今日で九ヶ月になる。私は本国からまだ何らの音信をも受けていない。アームストロング提督はどこにいるのか」と無人島にでも居る様な焦燥感を曝け出している。

しかしそんな事にはお構い無しに二十五才のヒュースケンは有頂天なのである。そのくだりが若者らしくて愉快だ。だがその値段に文句を付け「何という大金！」二十七ドル四十一セント。（筆者が二十七才の時の、初めての海外旅行のレート三百六十円で換算しても一万円に届かない、昔はそんなに馬は安いものだったのだろうか、驚いている所だが、当時の換算法で逆算すると、十二万八千文と言ってるから、金二十両に成るし八十ドルに成るから、二十七ドルと言っているのはヒュースケンの間違いか）

「日本に来て、まず下男を雇った。こんどは馬持ちだ！　この調子だと、自分の馬車を持って皇帝の一人娘に結婚を申し込むことにもなりかねない。そうなると俺は植民地総督だ！　ああ、ニューヨークよ！　夕飯ぬきで過ごした時代、あやうく野宿しそうになったことも度々だった。着古して光っている黒服。踵も爪先きも風に吹かれていた靴。穴だらけのズボン。あれはみなどこへ行ってしまったか？　ここへきてヒュースケン殿下を見てくれ！、、、自分で買った馬に乗っているんだぜ」

前半はまことに可愛い、ニューヨーク時代（つい最近まで）そうとう悲惨な暮らしをしてた事が、彼の口からこぼれている。しかし八月まで馬には乗っていない。日本の鞍があわないから、香港からイギリス製が来るのをまっていた。（では、待てばいいのに、この青年の性格上、じっとして居られる性格ではないようだ！）

「待ちくたびれたので、木綿で厚い刺子の布団を作らせた。これをヨーロッパの鞍のように馬の腹に結びつけるのだ。、、、」と自分のアイディアを披露しているが、「午後、馬に乗って出かけた。道はひどいものである。十歩行くごとにほうりあげられ、落とされる。、、、」本当に下手だったらしい。

訳者まえがきに（ある時落馬して負傷し、頭から血をしたたらせながらも乗って帰るので、日本の役人が驚いていると、「こうして馬に乗っていれば日本の女性がよく眺められる」のだとあけすけに語った）とある。

その上、「即製の鞍は道よりももっとぐあいが悪く、馬の腹の下へしょっちゅうずり落ちるのであった」想像するだけで笑ってしまう、これまでに馬に乗った事が本当にあったんだろうか?、どうみてもビギナー丸出しなのだが。

つぎの日も懲りず、出掛けて、鞍を結ぶ紐が馬の背に喰い込んでひどい傷を負わせている。それを「日本人はこの自家製の鞍の両端を結びあわせるのに、紐を一本しか使わなかったのである、、、」と他人のせいにし、「また乗れるようになるまでには、たぶん一ヶ月か二ヶ月かかるだろう」としょげているが、最初に「帰ってから気がついてみると」とあるから、これは本人の不注意である、乗る前にチェックしなきゃァねェ！。

そのまま乗られた馬の痛みを考えたら、しばらくは静にしていればいいのだが、この人の性格からそうは出来なかった様だ、筆者もそんな人を知っているが、同じ事を何度やっても懲りない人って居るもので、だから又この条約の粘り強い通訳兼秘書として適していたと言えるのだろうか？

六日後、「領事が自分のを貸してくれた、、」（貸してくれると言われても断ればいいものを、又は自分のじゃなきゃァ、注意して乗るとか）「急な坂をおりる途中足を滑らせて、右前肢のつけ根を挫いた。獣医の話では、これきり使いものにはならないだろうという」（馬が嫌がるような事をするなよ！）ここまでくると、笑ってはいられない、今は非常に大ざっぱ性格とだけ言っておこう。

ハリスはこの事を次の様に、なんと日付が一週間もずれている。「私はそれが恢復するまで、自分の馬を彼に貸すことにした。二度目にそれを乗りまわしたとき、ヒュースケン君と馬との間に意見の衝突がおこった。、、馬は戻ることを望み、ヒュースケン君はもっと行くことを欲した。そこで、力と強情の厄介なあらそいが起こった。その結果は馬の肩骨がはずれ、、、私は最後の拳銃をも手放してしまっていたので、それを射殺することができなかった。、、、ひじょうに幸運にも、、、人手に渡すことに成功したのだ！！考えてもみよ！、、、どこの国に、（煮て食おうと、焼いて食おうと）勝手にしろと、馬を呉れてやるのに、こちらから頭をさげて頼みこむところがあろうか」ほうら、やっぱり怒ってる。
それなのに、ヒュースケンと来たら、この事を称して「災難のしめくくりとして」なんて、ひとごとのようだが、「この調子では、毎日新しい馬が必要になるだろう。、、、私は二頭でたくさんだし、この上世間の噂の種になるようなことはやめにしておこう」と、落ち込むかと思えば、実にケロリとしたものである。

筆者が関心するのは、こう言う考え方が出来たら楽でいいだろうなァと思うところだが、良く言えば大器、悪くは言いたく無いが、荒削り、しかしそれは若さのゆえんで、訳者まえがきにもあるように「正義感と善意にあふれた、闊達な青年」とありその通りだろう。

何事にもこだわらない性格が異国にあって外人仲間や日本人の多くの友に恵まれていたのだろう、掲載されているスケッチ画を見るに、風貌に見るような大雑把な感は無く、むしろ繊細とまでは言わないがナイーブさを感じるし、質量的に膨大な仕事である通訳においても、突っ張り続けるハリスとは対照的にナイーブな感想を残している。

筆者は只、この何事にもこだわらない性格が、ハリスが後述するようにマイナス面として、彼の運命の方向付けをしたとすれば非常に残念であり、ほんの少しの注意深さを持ち合わせてくれていれば、彼自身と会話を交わすような不思議な魅力持つこのヒュースケンの日本日記と、もっと深く長く付き合う事が出来たのではなかっただろうか。

第 七 章

さて、一八五七年八月二十七日到着して一年と六日にしてハリス達はやっと江戸へ登り、将軍に大統領の書簡を渡す許可が下りるが、これも「直接渡す」「それは出来ない」ですったもんだを繰り返す。ついにはヒューケン君も「私は何回も通訳した、十回か十二回以上だ」と切れかかっている。

そんな白熱する交渉事の最中にまるで故郷に帰ったかの様に、村のお盆の灯篭祭りの光景を書いている。「数本の蝋燭がゆらゆらする光を投げているばかりである。お堂の中は、花で蔽われた祭壇、仏像、香烟（香の煙）、あらゆるものがカトリックの教会にいるのと同じような感じを抱かせる。大勢の女たちが進み出て、小さい鈴の紐を引き、賽銭をあげて、祭壇の前にひざまずく。、、」淡々と綴っているが実に詩的な部分である。相当淋しい思いをしていた事だろう。

ハリスは「サン・ジャシント号によってこの地へ置き去りにされてから、今日で一年と四日になる。アームストロング提督が私を訪れると約束した期限をすぎること既に満六ヵ月におよんでいる」と絶望的な孤独感を綴っている。

では一年間、下僕や賄い方が居るものの、唯一、ストレスの解消法に成ったであろうと思われる、彼らの日々の食事はどうだったのか。大いに興味をそそる所であり、これこそは現実的に重要な重大問題なのだが、残念ながらあまり多く表面に表れていないので、全体を推測で語る事は出来ないのだが、先ずはその断片から見て行きたい。

下田に置き去りにされてとハリスが言う様に、捨てられたに近い思いだったのだろう。最初は十分な用意をして来た事だろうから、酒類、タバコに保存に耐える食品、進物、その他生活必需品を、約束の六ヶ月分は玉泉寺に運び込んでいる筈である。しかしその約束はサン・ジャシント号が中国の戦争に参加していた為、守られなかったから可哀相だった。

一八五七年九月三日（安政四年七月十五日）、先ほどのお盆の光景のスケッチの後につづけて、「この五、六ヵ月間は鳥肉しか食べなかった。ようやく下田で子豚を手に入れたので、今日の昼食は二品あった」つづけて、「一皿はポーク・チョップ（豚なんて田舎者の食物だ）、もう一皿は雉の丸焼きで、これは日本の皇帝が賞味するにふさわしい。

雉と子豚とどちらがほしいかと領事が尋ねた。

誰も信じちゃくれまいが、私は言下に答えた。（子豚を下さい）

かくて下等の豚が上等の雉にまさることになった。

まったく私の味覚は庶民にふさわしい。」と悦に入っている。

この時、何故わざわざ領事がヒュースケンにチョイスを委ねたか、その心理を考えると面白い。ハリスも同じポーク・チョップに気が有った筈である。部下にやさしい面は認めるが、自分からその皿を取る様な事が出来なかった。そこには上か下かの関係が作用していたからで、躊躇無くヒュースケンがポーク・チョップを選んだ途端、複雑な気持ちに陥り、内心一瞬がっかりした後すぐ、悔しくてならなかったのではないか、目の前でヒュースケンが美味そうに食う姿は、よりいっそう（俺もポーク・チョップを食べたーい！）と言う、自分の心の声を耳にしていた事だろう。

そうですよね。ちょっと海外旅行しただけでも日本食のレストランへ行きたがる日本人が多いのに、彼ら肉食が常の人たちが感じる五、六ヶ月は壮絶と言っても過言にならないだろうと思われるからだ、ハリスの八月三十一日の日記には「健康はひどく悪い。体重は約百三十ポンド」と書いている、換算すると五十八・九キロ、あの身長からすれば最悪の食事事情の中にいたのかも知れない。

九月七日、（珍しく、ハリスとヒュースケンの日記で日付が一致する数少ない事柄から見ても、そうとう首を長くして待侘びていた事が分かる）ヒュースケンは奉行たちと会談の後、「領事館に帰ったところへ、山の物見台から砲声が聞こえた。前にも捕鯨船の例があったのに、それでも私は灼けるような太陽の下をスリッパのまま山に登った。、、、」彼は望遠鏡で見てロシアの旗がゆれている様に見て、他国に割り込まれてはと、手柄が台無しに成ると慌てて山を駆け下りるが、それでも我慢出来ず、船の確認に十挺櫓の舟を頼んで陽の落ちた太平洋に漕ぎだしている。暗い海を一時間半、さらに漕ぎ手にチップをはずんで小さな光をたよりに、やっとの思いでアメリカのスループ型艦ポーツマス号に到着している。

ここで今の所を少しトレースして見よう。望遠鏡でも船籍の判断が出来ない程遠い沖合の艦に向かって、伝馬船に見られる様な櫓が十本もついた和舟（伝馬船の大きなものと考えて）である。勿論漕ぎ手も十人となれば、現在はあまり見る事は出来ないが、筆者が子供の頃古い歌の文句に「八挺櫓で漕げば」（ペルリ提督『日本遠征記（四）』百二十一頁に図解有り）と言うのをちらっと今思い出したが、それが十なのだから、当時としては超高速挺なのだと分かる。

それで一気に一時間半漕いでも見つからず、チップの力を借りて又漕いでいるから、ヒュースケンの執念もすごいが、漕ぎ手も大変、艦が見えなくなるような遥か彼方まで小舟で行き着いたのだから、ポーツマス号から「ヤンキー・ドゥドル」と言う当時のアメリカの流行歌を歌う士官の声が聞こえてきた時の気持ちと言ったら、簡単に想像は難しい。今の私達には味わう事の出来ない、超重量級の感動、感激だったと、残念ながら、私達には推測以外に感じる方法が無いのである。

ハリスによれば約十マイル（＝十六キロメートル強）、帆船で、風が弱い為下田に近付けず、午後七時に艦から大砲の音が届き、それからヒュースケンは決心し舟を出し、翌日午前一時に戻っている。正午にやっと手近かな場所に来て、午後二時になってやっと艦長A・H・フートがハリスに会いに来ている。

この時、食事に艦への招待を受け、九日、艦の主計官から一年前にサン・ジャシント号に貸した千ドルが届けられ、手形と五百ドルを交換してもらい、艦長や士官に対して日本での生活ぶりの実情を説明している。

「ひじょうに切りつめた生活をしているので、彼らを食事に招くことができないと言った。実際のところ、私が彼らに提供し得る食物といっては、米と魚と硬い鶏肉だけであったから。彼らは、私が等閑に付せられていた（いいかげんに放って置かれた）ために、私が欠乏に苦しんでいることを十分に承知しているので、それを気にかけぬようにと私に言ってくれた」と初めて告白している。その後艦長とその部下と「キャビンで愉快な食事」をしたそうである。

十日には奉行に「愉快な訪問だった」をし、ハリスの交渉でレートが下がった（以前一ドルだったものが三十四セント五）うれしい買物をし、午後一時に艦の士官室で食事をし、艦長から、小麦粉、バター、豚肉を分けてもらい、更に、良質の茶四分の一箱、ラード二瓶、調製した引き割りのトウモロコシ一袋、士官室からは上等なバージニア・ハム半打、薫製のタン五個を貰って、「私はただ感謝するばかりで、返礼として彼らに贈るべき何物をも持たなかった」と述べている。

ハリスやヒュースケンにとって、いかに有り難い出来事であったは分かるが、それ以上に艦長や士官の目には、その窮乏状態が説明では無く健康状態や服装などから、ありありと見て取れたのではないかと思われる部分ではないだろうか。

現金千五百ドルと当面の良質な食品を入手出来、やっと一息付ける様に成っただけで無く、この帆船が来た事によって、江戸城での将軍との謁見はすでに決定しているものの、その実行の期日の決定がだらだらと江戸からの指令を待つ形の延引策よって未定の状態であったのだが、訳者の解説によれば、《もしかして、この帆船でハリスが直接江戸に向かうかもしれない、それを阻止する為には、早くその許可と時期の決定が賢明である》と老中に急信され決定を促されたとある。

十一日ハリスはフート艦長に愛犬（江戸）と言う名の日本犬をプレゼントし、（一八五六年十一月十五日に日本人から二匹の子犬を貰っている、もう一匹の名は（みやこ））他の艦長や提督には日本刀に縮緬をあずけ、十二日ポーツマス号出港の前には、二十羽入りの鶏篭と二匹の豚（勿論生きている）、漆塗りの茶盆、愛玩用の鶏を入れた篭を贈り、「この船の訪問は私をはげしい興奮状態に投げこんでいるが、それはよく想像されよう。私は号砲の発射が艦の接近を知らせてから、三時間と連続の睡眠をとっていない」と高揚した気持ちと幸福な数日の満足感を発散しつづけている。

偶然でもなんでもなく、老中はよほど慌てたのだろう。そして意識的にうやむやな延引策をやって来た事を自覚していたのだろう。ポーツマス号が出港するこの日に、江戸出府の期日を九月下旬との決定を通達した。

ぎりぎりと言うか、煮え切らぬと言うか、老中の無策無力を正に露呈した形だ。危機と直面しない限り、その重い腰を上げようとしないのは、現代の閣僚も同じだ。

解説文によると、その内容は（ハリスがポーツマス号に搭乗して出府を強行する恐れがあるから、出府を許容し、且つ出府の期日を九月下旬に定むるべし）と言う、下田奉行に対しては（ハリスの出府の際の待遇につき、使節の礼をもって遇すべきこと、ならびに各国の使節を待遇する場合の礼式を調査すべきこと）を指令したとある。

この報が日記に表れるのは、ハリスが二十二日、何故かヒュースケンは二十三日、この人の日付感覚は、長く付き合ってるつもりなのだが分からない。が、分かり安いヒュースケンの文を紹介する、「江戸から速達が届き、領事の要求はすべていれられた。われわれは最高の栄誉をもって江戸に迎えられる。大君の謁見を賜ることになる」

第八章

だが、実際に決定した日取りは十一月二十三日月曜日と成った。

「先方はたくさんの手はずを通告してきたが、大部分はまったく子供じみたことである。日本の外交を正確さと明瞭さを求めるあまり、われわれに宮城の地図を二枚渡し、謁見の日にわれわれが使用するいくつかの部屋や、階段や、通行する廊下まで指示するほどであった」とヒュースケン君はあまりに細かい取り決めにあきれている。

ハリスは「私は、一つを除いて他の全部のプログラムを承認した」と言ってるからスムースに行った様だ。

ヒュースケンの目には日本式のやり方が奇妙に見えたようだ。「日本人は、何事も規則に従って一定の時におこなうらしい。朝昼晩、三度の食事はすべて同じ時刻に食べる。一年に四回、同じ日に着替えをする。ある日はみんな忙しく魚を乾かしているかと思うと、ある日は女たちが織った布を干すことになっている。それればかりではないらしい。というのは、今日は一人残らず風邪をひいている。きっと政府の命令によるのだろう」と。

この反応の違いは、自由に動きまわるタイプの二十五才のヒュースケンと十月四日に五十三才の誕生日を迎えたばかりのハリスとの年令差から来るもので、若いヒュースケンには日本側の手続きは相当まどろっこしく苛立ちを感じた事だろう。

筆者が不思議に思うのは、そう言いながらも最後まで辛抱強く務めた事だ。あちらは契約社会でもあり、地理的な条件で簡単に逃げ出す事など出来ないと言えばそれまでだが、この若さで出来る仕事かを、考えれば、やはりヒュースケン君、君はすごい！。（が、下田奉行も何んだかんだと言われながらも良く頑張っている、日本の手続きは面倒なものばかりだが、突然現われたアメリカ領事を、何を言われても、そこそこソフトに受け止め続けた点から見て、当時の我国が西洋文明より鎖国などの点で遅れを取っていたとは言え、どちらが大人の成熟度を持っていたかの見解が別れる所だろう）

勿論出府に備えて新しい馬を用意していて、ハリスは乗馬の練習を始めている。ヒュースケンはポーツマス号の鍛冶工に蹄鉄を付けてもらい、それが日本人にセンセーションを巻き起こしたらしい。それに日本中の馬がこんな目に遇っていたとは思えないが、ある日本人の馬の扱いに関して驚く事が書かれているので、御一読を。

それに「ヒュースケン君の馬上姿と私の乗馬ぶりは、日本人の間に絶讃をはくした」と念願が叶ったからか、ハリスとしては珍しく自慢などをしている。ついでに十一月七日の日記を紹介して置きたい。これも喜びの結果としての気のゆるみか、為替相場で年額六千ドルをニューヨークに送金し、前段で少し触れた様に、日本の金が安すぎるのを利用して二千五百ドルの金を作っている。

ハリスもやっていたのであった。古くは長崎出島のオランダ人も密かにやっていたに違いない筈（これは私の全くの推測）、そのぐらいの旨味が無かったら、あんな狭い所で我慢出来る筈が無いと私は思うのだが、どうだろう。

旅行の準備は大変であったようだ。将軍、閣老への喜ばれる贈り物として、シャンペン、シェリー酒、ワイン、甘露酒、チェリー・ブランデー、挿し絵の多い博物学書、望遠鏡、晴雨計、アストラル・ランプ、カットグラスの壜、保存果物などを入念に荷造りしている。合衆国の紋章も日本で発注した様で、出来上がりにハリスは満足し、旅支度に毎日忙殺されている。

ヒュースケンも同じ忙しさだったのだろう。十月二十一日から出発当日まで日記は無い。

さあ、一八五七年十一月二十三日出府の当日である。朝の模様は「今朝、六時から七時までの間、寺の境内は群がる野次馬や駕篭かき、兵士や人足たちでいっぱいになった。、、、菊名は皇帝の第二級の役人で、槍持ちの武士一名、その他の従者を従えて先頭に立った。次に旗手を前に立て、二人の侍を従えて、大使が騎馬でつづく。一人は大きな傘、一人は靴を運んでいる。つづいて閣下、、いや、わがド・ヒュースケン殿下がお馬を召され、二人の侍その他を従えて行かれる」と自分で自分の事をヒュースケン君は、浮かれた調子で書いている。

何しろ三百五十人の行列だから、とてつもなく長い。明治十年頃の写真で外国人の旅行の模様を写した(異人車上の図)と題する湿板写真を見たが、人力車に乗った白い探検家の帽子にこうもり傘の外国人男性一人を先頭に(勿論その前に車夫が)見届ける限り十一〜二頭の荷を積んだ馬と馬丁が延々と後に連なっている。(何故か、最初の馬丁の前に子供が一人いるが意味は分からない)

明治十五年に日本で写真を撮ったフランス人ウーグ・クラフトも「それにしても何という行列だろうか！　ジンリキシャ十四台に各二人の車夫がついていて、それにイトーを加えると、なんと三十二人の男の一団である！　まるで軍隊のようだ！　今までこれだけのヨーロッパ人が東海道の宿を占領したことはないと思う。一台として余分な車はない」と人力車だけでもこんな具合。明治はまだまだ大変な時代だったんだとその時思ったものだが、、、

これはそんなものではない。一通りの行列の後に未だ、「その後から、私の寝具、椅子、食物、トランク、それに進物をおさめた荷物をかついだ従者のながい縦列がつづき、私の料理人とその助手がこれに連

なった。下田の副奉行が、自分の供廻りと、それから柿崎の村長と、最後に下田奉行の秘書役をしたがえて、つづいた。オランダ語の通詞が一人、駕篭でヒュースケン君の後から運ばれた」とハリスは書いているから、今の様に広い道幅では無いだろうし、山道に入れば当然一列に成ってしまう、馬、駕篭、荷物を長さの違う物を入れないで単純に人数分だけで、人の間隔を最短に六十センチとしても、町中は二列で百五メートル、山中は一列で二百十メートル、それに先程の馬、駕篭、荷物を入れれば有に三百メートル近くに成るのではと私は想像している。

その上、ヒュースケン君は駕篭が嫌で馬に乗ったが、ハリスも長い足を折り畳むのが嫌で、バカデカイ自分用の（長手棒が三間五・四メートルあるが、ハリスが言うには二十二フィート六・六メートルだ）ノリモンを特注して、それを運んだのである。ヒュースケンの駕篭は普通のサイズ。

供の身なりも見苦しく成らない様にきちんとしていたと言う。衣類や寝具の荷物は合衆国の紋章入りの黒綿布で包み、同じ紋章の付いた三角の旗を立て、ハリスの駕篭人足十二人は紋章入りの特別の装飾を付けた紺衣着ている。前後に襞が付いていて、その様子をハリスは「身体の動作で、その襞が、多少扇の作用のように、開いたり、閉じたりする。そして、それは日本人によって極めて美しいものと思われている」と。

実はこの衣裳は奉行クラス以下では禁じられているもので、それを紋章を入れ駕篭人足に着せると言う事は、奉行よりも上位クラスの人物の駕篭かき人足を表現したかったのか、兎に角、これら全てに紋章を発注していたのだ。

多分日本の和刺繍でしたのではないかと思われるが（香港やシンガポールへ発注する時間があったかを

考えると）、それだけでも大変な出費である。

この出府にアメリカの威信とハリスの命が掛かっていたのだろう。

その感想は「ひじょうに天気のよい朝であった。、、、江戸は上ろうとする私の努力が成功をおさめたことを思うとき、実に溢れるような生気をおばえた。、、、アメリカの国旗が、私の前にかかげられた。私は、これまで鎖されていたこの国に、この旗をひるがえすことに、本当の誇りを感じた」と。

それに行列の一番先頭の若者たちの「下に、いろ」（映画なんかでは、下に、おろう、だったと思うが）の声が、この日のハリスの耳には「彼らのさけび声は、きわめて音楽的にひびいた」と言うのだから、当初スパイ、スパイとわめいていた頃とは大違いで、封建制度の極致と言うべき大名行列形式に導かれて、重要事ではあるが、気分だけで、ここまで言って見せるかと、少々あきれてしまうぐらい、彼らは上機嫌であったのだ。

古くは、オランダ商館長が年に一度長崎から往復三ヶ月も掛けて江戸に向かい将軍の謁見を受ける習慣しがあったが、出島同様の厳重な警戒があった事は言うまでもない。

それからすれば、遥かにソフトに公に認められた形で自由に江戸への旅を体験出来た人は、鎖国以来この二人が初めての事で、その両者が同行程を同時に日記に記している事が、よりワイドな視野で当時の風俗を映し出していると言うべきだろう。

行程の全てを拾うつもりは本書ではない、それは、読者におまかせする。

この貴重な一言一句を逃す訳にはいかない気持ちに成られれば拾い物である。

第九章

旅の行程は、登り下りを考え無理のない様に奉行の配下役人達の働きによってであろうが、綿密にプランされている。

通信用ではもっと早い行程があるのだろうが、大人数の行列では七日で行ける所を七日目が日曜と言う事で一日川崎で逗留している。多分ハリス側から日曜日の行動を拒否された為だとおもうが、八日間で江戸に到着している。その綿密な旅のコーディネートは随所に日記に表れている。

下田の市中に流れる稲生沢川に沿って谷間へと一向の旅は始まる。その名の通りヒュースケンは豊かな稲穂の稔りに感嘆している。朝八時に玉泉寺を出て、一・五～六キロ先の奉行邸前で本隊と合流しているから、多分下田を九時頃出発したのではないか。

正午に三十分休憩を取り、午後二時半には天城山中腹梨本の一日目の宿泊所慈眼寺に到着している。

彼らは馬に乗って供の歩調に合わせたスピードだから、河津七滝の方向に古木や清流、滝などを眺めながら誠に優雅な旅をしているのである。

ヒュースケンは「今日は六マイル旅をした」といい加減な事を書いているがハリスは十五マイル（約二十四キロ）と言っている。ヒュースケンがそう思うほど楽な行程だったのだろう、それに「善きかな日本人！彼らは親切そのものだ。われわれのために、わざわざ風呂場を作ってくれた」と喜んでいるが、その後プラプラと山を二つ越え川を一つ渡って散歩に出ている。急に通訳が居なくなったもんだから、二人の兵士が必死に追って連れ戻されている。

戻った時の光景を、「大使と副奉行は身ぶり手まねをまじえながら、オランダ語しかできない日本人の通訳に向かって、それぞれ英語と日本語で話し、互いに負けじとやりやっていた」と吹き出すように愉快に見ていたに違いない。

ハリスは最初の旅の感想で、「今日私の通った通路（それは道路とよぶことはできぬから）に、周到な注意がはらわれているのを知った。橋は、あらゆる水流の上に架けられ、通路は修理され、薮という薮は通路を明けておくために刈りはらわれていた。寺では湯殿と便所が私の専用につくられたいて、私を快くするために、万端の注意がはらわれているのを私は知った」と日本側の完璧な旅のコーディネートを感じ初めている所だ。

二日目は天城越えで、呑気には行かず、馬は無理でハリスは時としてあの道幅よりもデカイのりもんを八人の男達に担がせ、「容易ではない」などと言いながらも山の植物に触れて、大変な物を作らせた大失敗作については触れないでいる。

ヒュースケンの目は、「道幅は狭く四人並んでは歩けないし、曲がり角は鋭角的でノリモン（ハリス用の事だと筆者は思っている、なぜなら日本のサイズならそんな事は起こらない）が通り抜けるのに難渋する」

六・六メートルはあんまりなサイズで相当難行した事だろう。

ハリスはおそらく江戸入り演出を考えて、より立派に見せる為にと作らせたのだろうが、平地ならともかく、天城峠にあっては殆ど無用の長物。お供の駕篭舁き人足達は大変な苦労だった筈、人が三人しか通れない道なら縦にするしか無い訳で、（私達が今、祭りの神輿を縦に担いで山登りをするなど、想像すらしたくないものがある）山道を全く考えていなかったと言う事で、大変なお荷物と化した訳である。ハリスの鼻っ柱はこの時見事に折られた様だ。

ハリスも歩いた訳であろう下り道について、登り程険しくはなかったと触れるだけだが、ヒュースケンの方は克明だ。

「山を下るのは上りよりもずっと困難である」と矛盾している。「足もとには底無しの深淵がいまにもわれわれを呑みこまんばかりに口をあけている。その上、路上には鋭い岩が突き出していて、、、馬の蹄をおくこともできない。私は歩く方がいいので馬から下りた」と言ってるのに、ハリスはやはり「再び馬に乗って下った」とこれも矛盾しているし、大行列で狭い山道のかなりきつい旅をヒュースケンは表現しているのに、ハリスは滝や花や景色に触れるだけ、この違いはやはりノリモンにあると見る。

共通点は山頂での休憩。この時「日本人には、どこへ行っても食物を恵んでくれる親切な魔ものがついているらしい。どんな食物でも、またたく間に、どこからともなくととのえてきて、家にいるのと同じように快適に三度の食事をするのである」と若者らしく単純に驚いているが、その裏では行列の人数分の食事を考えると、この二人の外国人の為に、行く先々で地元の多くの村人の労働が一大事業（一大イベント）と成っていた筈だ。

そして両者が見た富士山。「今日はじめて見る山の姿であるが、一生忘れることはあるまい。この美しさに匹敵するものが世の中にあろうとは思えない」とヒュースケンに言わしめ、宿舎の湯ヶ島弘道寺の部屋の窓からスケッチしたが、「なんともお粗末で、富士ヤマには似ても似つかぬしろものだ」と諦めている。

ハリスの日記の文章が、他日に比べ、この日だけ半分ぐらいに短い。富士についても感動と言うより一応概要を述べた程度で終わっている。もしかしたら、相当疲れたのでは無かったろうか、文章に勢いが見られない。（やっぱりノリモン？）

宿舎に着く前で、午後四時頃と言うから、前日の二時半到着からすれば、随分手間取っている事からしても、楽ではなかったのかも知れない。

三日目は打って変わって、平地に成って道幅が広がると元気なもんで、修善寺と大仁（おおひと）の村で休憩をした後、従者を後に馬で午後三時には三島に到着している。

これは、先頭の菊名と両者の三名の事。その前にヒュースケンなどは、平地を見た途端に走りだして、それを慌てて追った隊長の菊名が落馬している。我が侭なのである。

修善寺を出た辺りから、この行列を一目見ようと沿道や田畑にまで人が群がり始めてる。「みな一様にひざまづき、地面に手をついているのは、深い尊敬のしるしである」兵士が群衆を脇へ押しやるように命じたらしく「大使は人々が追い散らされるのは本意ではないことを菊名にわかってもらい、強く要請したので兵士たちも思いとどまった」とヒュースケンは記している。三島や江戸にかけてはもっと見物人が多く成っていく。

この部分をハリスは上手く表現している。一八五五年の地震で壊れた三島明神を見にいく途中「一見してこの町の全人口よりも遥かに多いと思われる沢山の人の群れを見て、私は驚いた。その理由を聞けば、私の到着する日取りは、何日も前から知らされていたので、許可を得ることのできた人達がみな私を見るために三島へやってきているというのだ。中には百マイル以上もある遠方からきている者すらあるという」。

出来れば、訳者のその後の幕府資料の老中お達し文を見れば分かるように、道中奉行や勘定奉行に対し、徹底したマニュアルが、その都度（三島ではこうしろとか、、）出されているから、そのお陰でハリスの言う通り「人々は全く行儀がよかった」のである。

ヒュースケンは神社境内の池の錦鯉を見て、「いままで見たこともない大きな金魚がたくさん泳いでいる。餌を投げてやると、、、、文明国の金魚とすこしも変わらなかった」と変な感心の仕方をしている。（金魚に文明の影響の相違があるとは思えないが）

ハリスは先日の天城越えにダブラセて、明日の箱根越えを恐れている。「その道は騎馬には至ってむかないので、私はノリモンにのって通るであろう。威厳（健康が許すとしても）が、私の徒歩を許さない。駕篭にのるくらいなら、徒歩にしたいと思うのだが」と、非常に珍しく強気な人が、気弱に又は憂欝に成ってる事が読み取れる。

本当に懲りたと言うか堪えたのではないかと思う。実に愉快な日記である。自分が作らせた失敗作で行けるかどうか不安な様子なのだ。

四日目は特に行程を考慮して七時半に出発し、東海道の見事な巨木に残る前年九月の台風で受けた傷痕を見ながら箱根の関所に向かって「登りにくいが、天城山を越える時のそれほどではない」と少し天城峠に触れている。

案の定の事だが、関所では見分をさせる、させないですったもんだし、「こうして手間どったために、今日は八里の行程を終わったのち、夜九時頃になって小田原に着いた」とヒュースケン、「私はその遅延を苦にしなかった」とハリス。どうもこの人の日記にはやっかいな出来事は反映させないタイプのようだ。それどころか、休憩所の錦鯉や亀や茶菓子の砂糖菓子の事や、出迎えで小田原の人々が手にした炬火の行列（予定を時刻を遥かにオーバーした為）の光景や、陸の孤島である下田をアメリカに容認させたのは、ずるいと言う様な事を、ヒュースケンが二日目に感じていた事を、まるで何事も無かったかの様に納めている。

ヒュースケンは又、元禄四年と五年（一六九一〜二年）、オランダ商館長に伴って江戸へ上った医師ケンペルが書いた本を引き合いに出して、「彼がみごとに描写した日本の習俗の一つ一つに、そのことを改めて認識している。日本の姿はケンペルの時代から変わっていない」と言う第一印象と「昔の本に書いてある日本人のもちまえの礼儀正しさが、すこしも輝きを失わずに残っている」と日本の平和そうな日常の光景とを重ね合わせているのか、逆に西洋の歴史を浮かべている所が面白い。

「ひるがえって西洋の歴史をひもといてみれば、いかに多くのページが血まみれの文字で書き綴られていることか。いかに多くの肥沃な国が、手のつけられない荒野に変わってしまったことか。いかに多くの民族が国を奪われ、王座が覆され、みずから世界の主と称し、みずからの力に傲って、『国家、それは私だ』〔ルイ十四世太陽王〕と揚言した人々の首が、いかに数多く死刑執行人の刃にかかったことだろう」と。

第九章

第　十　章

五日目にしてやっと順調なスケジュールをこなしている。八時半に小田原を出て、正午は大磯で休息し、午後六時に藤沢に到着している。

両者が気付いて記しているのは「三島から品川まで、、ようやく二、三のノリモンと、五、六人の人に出あっただけである」とヒュースケン、「ケンペルが日本を旅行したときには、旅人、僧侶、巡礼、尼僧、乞食が夥しく群れていたという。私はこれらの何れをも見なかった」とハリス、「道路は修繕され、私を迎えるために整頓されていたばかりではなく、私の通過のわずか数時間前に、ほんとうに掃き清められる」と、幕府側によって完璧に制御されている事を感じ始めているのだ。

又ヒュースケンは次の様にも感じている。「下田から品川まで七日の間、私は土下座した民衆の中を通行したが、その間われわれの露払いは、共和国の大使閣下に草木も靡けというかのごとく、人っ子一人いない山の上や森の奥でも、絶えずシタニイロひさまずけをくりかえしていた。私と変わりない、いや私よりりっぱなこの人たちがみなひざまずいている光景に、私はうんざりしはじめた。、、日本中の美人が足もとにひざまずくというのは、確かに並みはずれた光栄には違いない。しかし、そんな光栄は私には嬉しくなかった。せめて彼女と並んでひざまずくことができたなら話は別だろうが」

ここでは、彼の自由で健全な精神が良く表れていて、嬉しく感じる最も好きな部分だ。全文を読まれれば、もっとよく若者ヒュースケン君を感じて頂ける部分ではないでしょうか。

藤沢では見渡すかぎりの水田で、数えきれないほどのコウノトリの飛び立ち、舞い、羽撃き、又おびただしい雁を見ている。

土曜日は正午に神奈川、そのまま川崎へ、やはりハリスは「日曜日には一切の用務の処理を止めてきているし、、日本人も今では私の意向を十分に諒解して、、、」と言っている。

ハリスも日曜日の散歩で川崎大師平間寺の帰途で「私はこれまでに見たうちで最も大きいコウノトリの群れを見た。日本ではあらゆる種類の野性の動物（用心深い鳥まで）が、驚くほど人馴れしている。日本の少年たちが、コーカサス人種のような破壊的風習に耽（ふけ）ることのないことを示すものだ。コウノトリは一年中この土地にとどまっているし、雁も冬のねぐらをこの地に定める。この二つの事実は気候の温和なことを実証するものだ。たいへん好い天気がつづいている」と。

今は、日本では見る事など出来ない、すでに失ってしまった日本本来の自然を、彼らが満喫しているのは、実に羨ましいとしか言い様がないし、悔しささえ感じる。

しかし、前述した様に、ハリスの三年後に来たイギリスのオールコックが江戸城のお濠で見た野鳥も加えて、イメージを前進させると、これって、言い過ぎないようにしたいけど、もしかして、「楽園だったんじゃないの、、、」って思ってもいいみたいである。


一八五七年十一月三十日、この日遂に彼らは江戸へ到着する。

ハリスは、「この都府において迎えられた最初の外交代表者である。私の企画する談判が成功しようと、失敗しようと、この大いなる事実は、なお厳然と存続する。ついに、私はこの奇異な国民をして、使節の権能を認めさせたのであるから」と誇らしい。

両者は、辺りの風景を、やはりケンペルの書にてらして比較している、それ以外江戸の模様を記した物は無かったから仕方無いが、如何に日本が変わらなかったと言えども、それは実にこの日より、遥か百六十五～六年も前の体験記なのである。

品川で行列は再編成されて江戸の町屋の中へ入って行く、行列の全長は「殆ど半マイルにおよんだ」と言うから、八百メートルになる。

この時の光景をヒュースケンは「品川から宿舎までの街道すじは、両側にぎっしりと人垣がつくられていた。それはほぼ七マイル（十一・二キロ）の長きにわたり、集まった群衆は百万人とみても誇張ではあるまい。こうした途方もない人出であるのに、話し声ひとつ聞かれず、礼儀正しい沈黙があたりを支配して、われわれが通過するときにノリモンの中をのぞきこもうとして互いに犇めきあうくらいのものであった」これは不気味な事だろうと思う。

ハリスは推算十八万五千人としながら、もっと敏感に感じ取っている「最も完全に秩序がたもたれていた。何らの大声も、叫び声も聞こえなかった。このような大群衆の沈黙は、なんとなく恐ろしい気がした」と、これは、その瞬間彼は本当におびえを実感したと思う。品川からは誰も土下座はしない形になっている、これだけの群衆が音を立てないのだから。

ではどんな、御触れが出ていたのか、その内容が気に成るから現代会話調に直してみる。

（安政四年）十月八日付、市中触れ達し「大使一行の通る町は、自身番屋に町役人は勤務し、喧嘩口論は言う迄もなく、往来混雑しない様、場合によって通行を差し止めなければならない時は、組の者によってコントロールさせる様に。
一、桟敷を作ったり、人を招いての見物は禁止。
一、横町や裏町からわざわざ出て、往来に多数立ち止まっての見物は一切禁止。

一、二階、物干し、火の見やぐら、へ登っての見物は、これを固く禁止。
一、一行が通る時、指を差したり、高笑いは、不行儀であるから、しない様に。
一、馬や荷車の類は、役人が控えさせる様。
一、ものもらい、ホームレスは、表に出さない様。
一、商店は平常通り営業し、張り出し部分は引っ込めさせ、
武具武器類は店先へ出さぬ事。
一、滞在中は、とりわけ念入りに火の用心をし、各町代表は昼夜を問わず見回る事。
以上右の通り、町中にもれる事のない様、通告するものである。

「人々はいずれも、さっぱりとした、よい身なりをし、栄養もよさそうだった。実際、私は日本にきてから、まだ汚い貧乏人を一度も見た事がない」とハリスは感想を洩らしているが、ヒュースケンは自分の国でならと比較しながら、子供の頃王様や著名人を見物に出掛けた事を思い出している。「もしわが国の大都会が、今日の江戸と同じ状態におかれたら、いかに多くの子供が踏み殺され、いかに多くの女性が酸素欠乏のために死んでいることだろう。、、どんな騒ぎになったことか。喚声、奇声。使節の顔をめがけて、腐ったりんごはおろか、石礫まで飛んだにちがいない。、、、、王様が金の車で女王と女官を侍らせて通り過ぎるのを、ほんの二、三秒見るために、雨も寒さも忘れて、人波に揉まれ立っていた。ああ、あの頃は、、、」と両者それぞれの思いを馳せながら、一行は宿舎となった、九段坂下、牛が淵の蕃書調所(ばんしょしらべしょ、東京帝国大学の前身とか)に午後四時に無事到着した。

丁度、この辺りのページには、写真では無いものの、当時の風景画が有り、よく見るとなかなか興味深

いものがある。現在は存在しない、品川海岸、松平大和守下屋敷、日本橋通りの賑わい、などは、とても賑わっている様には思えないが、当時としてはこれで賑わっていると言ったのだろうか。橋も蝋燭の様なものを売る者や、八卦見の様な者が露店を出す程広い橋だが、欄干などは当たり前の木造の橋で、有名に成る程立派な橋でもなかった事などが少し分かるのも面白い。

次の日十二月一日は早速、大君の使者の訪問の儀式が続く、ハリスは事細かに記録しているが、ヒュースケンに言わせると、「日本でなくては見られないこの恐るべき歓迎会でくたびれきったあげく、ハリス氏は陛下からの贈物の箱をいそいであけてみて驚いた。箱の中はなんど、おびただしいボンボンがはいっていた。それは菓子屋の店先を埋め、無数の子供を病気にできるくらいの量であった」と、権威などには全く動じていない。

逆にハリスにはその権威が国の代表としては重要なのだから、感じ方は違うのは当然で、「私が自分の部屋へついたとき、贈品がはこびこまれた。それを開くと、砂糖や、米粉や、果物や、胡桃などでつくった日本の菓子が四段に入っているのが見られた。それらは、どの段にも美しくならべられ、形、色合、飾りつけなどが、すべて、ひじょうに綺れいであった。その重量は七十ポンドほどであった。私は、それらを合衆国に送ることができないことを、大いに残念に思う。それらは、長い航海の間に悪くなるだろうから」多分、和菓子の中の干菓子や重菓子などであろうが、真剣に国に送りたいと悩んでる部分が、なんとも可愛いではないか。

この菓子にまつわる事で、ハリスはある重大な発見をしている。その文章はこうだ、「信濃守は、大君の《使者》の到着が、大君の希望で親しく贈物を検めるために、遅れる旨を私に知らせた。、、、私の質問にこたえて、信濃守は、大君は閣老会議の検査と承認をへなければ、些少の贈物なりとも、これを授受することはできないと語った！！私はこの一事によって、大君は単に幕府の《傀儡》にすぎず、一握の政治権力さえ持たぬことを確認した。、、、」と、この時既に、見抜かれてしまったのであった。

第 十 一 章

大君に会う為、予行演習を文句も言わずハリスはこなし、いよいよ将軍との面会のセレモニーのに日になる。

謁見所の宮殿に入る時、勿論新しい靴に履き替えてだが、靴を履いたまま、玄関の階段、廊下、大広間へと案内されているのは、乗り気でない両者に、お辞儀を強要していると言っているのとでは、どこか矛盾を感じるが、「靴を脱いで入るようにとの注文すらなかった」とハリスは言う。それは大謁見の間でも靴を履いていたと言う事だ。

ここで、ハリスは口上を述べる訳だが、筆者はどちらも日本語の訳文を読んでいる訳だから原文にわずかのフィルターが掛かって来るだろと思う。しかしそこは訳者先生の腕の見せ所でご苦労なさった部分だろうから、そのまま比較させて貰う、ハリスの日記にあるもの（口上の内容）、それは確かに、この日ハリスが大君の前で声に出した原文であろう。

内容の趣旨こそ間違いないが、ヒュースケンの日記にあるものは、語気も加え表現が大きく違っている事に気付くだろう。

先ず、言葉遣いが全く違う。ハリスのものには敬語に当るものが極めて少ない。少なくとも高位からのそれに近い。

ヒュースケンのものは、通訳の森山多吉郎が聞いたオランダ語の内容だろう。表現がとても柔らかく、分かりやすく、丁寧な敬語で結ばれている。（この部分だけでも、一読比較の価値があるかもしれません、因みに、ハリスは『日本滞在記（下）』七四～七五ページ、『ヒュースケン日本日記』は、二一八ページをどうぞ！）

これは、心やさしい若者ヒュースケン君が、当時いかに気を配って通訳してくれていたかを、物語るものではないだろうか。日本側にもハリス側にも、もし彼で無かったとしたら、又直接英語を理解出来る者が居たら、ハリスだけでなくペリーに於いてもその無礼の露呈をさえぎる事は出来なかったろう。

今から見ても、英語の解る者が日本側に居なかった事の偶然が、あのまどろっこしいオランダ語を通さなければ意志の疎通が（それでも満足にとまでは行かないが）許されなかったこの国の状況が、結果的にすばらしく微妙な気配りのフィルターやクッションをヒュースケンによって作り出されていたのではなかったかと思われるのだ。

謁見の光景をヒュースケンは「日本の宮廷は、たしかに人目を惹くほどの豪奢さはない。、、、気品と威厳をそなえた廷臣たちの態度、名だたる宮廷に栄光をそえる洗練された作法、そういったものはインド諸国のすべてのダイヤモンドよりもはるかに眩い光を放っていた」と、我が国独特の様式美にある種の感動をおぼえている様だ。

その後食事を進められたが、見事に成就し終えたこの段階で、ハリスは特にこだわる理由も無いのだが、「我が国の習慣では、主人かその代理者が食卓を共にしない家では、決して食事をしてはいけないことになっている」と断っている。その膳は宿舎へ運ばれたのだが、この時ハリスは感冒にかかり、肺炎をおこして、一口も食べられなかったと言うから、相当体調が悪るかったのが本当の理由かも知れない。よく具合の悪く成る人であるが、それは又、緊張の度合いを物語っている様にも思える。悪寒を伴って医師の治療を受けているのに、きっちり観察だけは怠らない。

「それは日本式の料理法によって、たいへん美しかった。膳の中心装飾が麗しく盛られていた。長寿の象徴である小形の樅の木と、亀と鶴が、歓迎と尊敬のしるしをもって一際美しく飾りつけられていた」

次の日も触れて、膳の大きさは、高さ十二寸（二十七・五センチ）、縦四十寸（一メートル）、横五十寸（一・二五メートル）（或いは一メートル強の正方形）、の白木の膳、ヒュースケンのは高さ五寸（十二・五センチ）と言うから多分小さいのであろうが、こんな大きな白木の膳は見た事もない。まるで小テーブルの大きさだ。

その献立が解説によると、三汁九菜となっているが、器や皿の数で見ると汁と銀爛鍋を入れると、ざっと二十一品目の食器、大皿小皿鉢物とぎっしり並べられ、デザートも茶菓子、後菓子とあって、酒も三年酒、塗杯、土器杯、めし、と言う、ものすごいメニューのバカデカイい膳である。

それに、料理人（シェフ）の住所名前まで今に記録されているのが面白い、（横山町二丁目、木戸際、魚渡世、尾張屋喜兵衛方同居、町料理人、飯塚太兵衛仕立）とある。魚渡世とは簡単に魚屋さんだろう。

メニューも専門家が見れば直ぐにでも再現出来るだろうが、珍しい献立では、南蛮煮の内容で、鯛の薄身、赤貝、松茸、ねぶか、はわかるが、雁と潰し玉子がわからない。よく似た今ある名前で、南蛮漬けと言うのはあるが、唐辛子が入っているだけで渡来とからませてのネーミングだが、全く関係無いだろう。それはマリネ、こちらは煮物らしいから、もしも当時の長崎辺りから伝わる正真正銘の南蛮好みの物だとすれば、今あるシチューかポトフかブイヤベースなどに近いもので、いずれかの日本風モドキではないだろうか。

魚、貝、茸、雁、（江戸時代の料理を紹介した書には、青鷺や雁のへぎ焼き、も出てくるから、雁の肉だと考えられる）ねぶか（茎の白い葱）、潰し玉子は、茹で卵を潰したものか、ただ単に煮物でトッピングにそれを散らしたのか、生を潰したとすれば、溶き卵、なら綴じたのか、又、松茸の香りの強さから見て現在の茶碗蒸しの様な、南蛮風のプディングの事か、中華風か、全くの想像で確かな事はなにも言えないが、菓子を除いて、調理法を見ていくと、膾（なます）や刺身の生、煮物、焼き物、油いり、てんぷら、漬物と、これだけのメニューの中に、なぜか蒸し物は無く、卵料理も無いのは少し不自然だから、どんな物であったかは私の力では想像の域は出ないけど、この国の約百五十年前の江戸城の豪華な膳を、今、想像だけでも推測するのは、何とも楽しい事ではないだろうか。

どちらにしても、ハリスは一口も食べられなかったが、その豪華さには満足した事だろう。ヒュースケンの膳にも、多分、松だろうが（両者は樅と言ってる）、樹齢千年の形の木に翁の紙細工の（水引細工か？）見事さに感心している。

三日後には「食事は下田よりもよい。とても新鮮でおいしい牡蛎や雁、鴨が毎日食膳にのぼる。アメリカの食通家諸君、よく目をあけ、耳の穴をほじってお聞きあれ。高名な合衆国のカンバスバック（北米産鴨に一種で珍味、とある）、正真正銘のカンバスバックさえあるんだよ。鶉、蒿雀（あおじ）など、それに鹿、猪なども」と珍味に舌鼓を打っては悦に入っているのも愉快だ。（だって、下田じゃひどいもの食ってたからね）

そして又、江戸の宿舎での外交特権によるスパイ問題が始まる。信濃守との問答の内容は同じだが、ハリスは「大統領の名誉を傷つけるものであり、、、宣戦を布告するのに十分な理由、、」とまで言ってしまた。

それを通訳しているのは勿論ヒュースケン君。その日記には本気で同情している。

「信濃守はまったく困りはててしまった。可哀そうに！　私は同情を覚えた。彼は進退窮まったのだ、、、かれは大使に懇願して、、、大使は結局彼の押しの強い懇請に負けてしまったが、、、」この二人は下田の時から、しょっちゅうこんな事ばかりやっている。妙なコンビらしい、信濃守は本当に損な役職らしい警護が分かって貰えないのだ。

ハリスも大人げ無いが、どうも相性が悪いとしか、このコジレ理解できない。

十二月十二日に外国事務相の堀田備中守を訪問、これは何度も訪問したらしい。彼自身の日記には、スチーム（蒸気）の利用で世界情勢一変、関税、諸外国が開国を要求、アヘン戦争、日本の名誉を損わない諸大国承認する内容の条約と開国、アヘンが日本にも持ち込まれる危険性、などを「私の演述は二時間以上におよんだ」と記している。

ヒュースケンの同じ日の内容は違っている、まず「この閣老会議首席との会談は、大君の謁見よりはるかに重要であると思われた」と言う。

「日本の現状について、、、蒸気船がもっとも遠く離れた国々の間にも連帯関係をうちたてたこと。世界のすべての国がただ一つの家族になったこと」、今のぼくたちが聞いたら、産業革命後の航海時代では、少しオーバー言い過ぎだと思うのだが、、、。

ジャンボ・ジェット機で時間単位でどこへでも行けて、ベルリンの壁が消えた今でも、未だまだ（家族）と言う表現はできないと思うのに、ここまでの表現ができるのは、逆に、それまでの風まかせの帆船の大航海時代と、産業革命がもたらした蒸気船の時代とのスピードの差が、当時の感覚では、衝撃的で驚異的な進歩の感覚だったのだと言う事を、彼らに（地球は小さく成った）とまで言わせているのだろう。

特にハリスは貿易商で以前から航海をしていただけに、そう感じていたと言う事なのだろうか。

解説資料の日本側の奉行所の雑記にも「カリホルニヤより日本へ、十八日にて参り候義出来いたし候も、蒸気船発明の故の義に御座候」とあるから、この話をきいた連中は、この事も含めてさらに驚きを覚える事となるのだが、この後がハリスの日記には意識的にか、出て来ない。

ヒュースケンの日記には、ハリスの「談話が宗教の問題に及んだときはすばらしかった」と言っている。彼はその事が特に気に成っていた様で、謁見の日（五日前）にも「つまりキリスト教的なものを放逐した君主の子孫の面前でおこなわれたのである。、、、一族もろとも処刑すると宣言した勅令は、まだ生きている」と前置きし、その後語調が変わる「しかし、新来の宗教に加えられた残虐行為を理由としてあまり日本人を責めることはやめよう。信徒たちは、主の戒めを忘れ、日本を荒廃させている内乱に加担した。われわれ自身の歴史をふりかえってみても、異端審問の火は容易に消えなかったし、、、信仰を異にするからといって互いに殺しあうことをやめず、、、愛と恵みの主、、に仕えるために必要であると公言するほど狂信的であったのだ」と。

ハリスの談話にもどるが、「その名前からして反逆の雰囲気をただよわせている宗教を支持する声が敢然と発せられたのは、これがはじめてである。しかもこの屋敷で、この帝国の第一人者、閣老会議首席に向かって語られたのである」

何度も言う様だが、この宗教に関する内容はハリスの日記には全く触れられていないのが意図的ではないかと見ている。ペリーの時の大統領の親書の内容を思い出して頂ければ、（合衆国の憲法及び諸法律は、他国民の宗教、政治に干渉する事を禁ずる）と言う部分があった事を、ここで残る事を意識して事務的な文章で項目の表面を覆ったのではないか。通訳をするヒュースケンとしては、興奮しないでは居られないよね。だって日本のキリシタンに対する歴史を知っていればいる程、とんでもない話しを始めちゃったんだから、ハリスの口から飛び出す言葉を、正確に（相手には刺激的にならないように）伝えながら、相手の表情も察知しながら、この場面は通訳としては、ものすごい緊張の高まりがあったのだろうと思う。だから彼のこの日の日記は、この事が全体を占めている。

第　十　二　章

「剣を突きつけて布教する時代は去った、と大使は語った」さあ、これからハリスはかっこいい事を言うのだけど、さぞ、ヒュースケンは気が気ではなかった事だろう。

「二、三百年まえ、この国の海岸に上陸したスペインやポルトガルの人々は（ちゃんとオランダ人を外している所はさすが）、残酷で無法な人々であった。彼らは黄金への渇望を、武力によって宗教をひろめ、征服しようとする願望と結びつけた。それは過去のことである。人類はようやくにして、良心の自由こそすべての国を支配すべき一大原則であることを知ったのであり、、、、」これは、ハリスを卓越した先見性を持った人物と見るか、千両役者のはったりと見るか、である。

前段でも紹介したように、時代は未だ、アメリカ本国では奴隷売買がなされていたし、リンカーン大統領で有名な南北戦争が、これから始まろうとする背景で、（現実は、人類はまだそんな一大原則を知ってしまっては、い・な・か・っ・た、）と筆者なんかは思うのだけど、そこまで言い切ってしまうのだから、勿論かっこはいいけど、その両者のどちらか、もう一つ妄想癖もおまけしたいような気分になる。

ヒュースケンの感心事、「不快の色はすこしも見えなかった。、、宰相の穏やかな表情には、一点の翳（かげ）りも見えなかった。しかも一六三八年の勅令、、宣教師を告発したものには銀五百枚、信者についてもそれに応じた褒章を与えるという勅令、、は、いまだに効力をもっていたのである」と、かえって肩透かしの反応に驚いたようだが、終始ビクビクものの中に居た事をうかがわせる。

「宰相はなおつけ加えることがないかどうか尋ねた上、大使が親切に教えてくれたことを嬉しく思うと答えた」宰相堀田正睦のこの落ち着きを見逃さないで頂きたい。

鎖国の為遅れを取ってはいたが、この程度の世界情勢は長崎のオランダ商館長からの情報で、どの国とどの国が戦争しているか、その勝ち負けや、大まかなものは握っている。

「大使の一言からざわめきが起こったが、どうやらそれは日本人の自尊心をくすぐったらしく、彼らは低声でうなずきあっていた。、、たくさんの船がアメリカの旗を翻えし、何千マイルの海を越えて、はるばると日本の岸まで鯨を獲りにきている。なぜ、、、勇気もあり、活動力にも欠けていない日本人が、遠くアメリカの岸まで船を送り、自国の旗を進めようとしないのか、、、」（大きなお世話だよね）そりゃ知らない大半はざわめき立つだろう。

ひとつ気に成るのは、このような話しには決まって自己正当化としての常套句が混ざっているものだが、話している本人にも、それを使えば使うほど、うさん臭さが増幅されて行く事を、あまり分かっていない様だ。

後の話しになるが、ハリスが帰国して、丁度四ヶ月後にイギリスから横浜に到着した、アーネスト・サトウもオールコックやパークスと維新に至る過程に関わって行くのだが、薩長の藩士達と懇談を重ねるが、決まり文句は「イギリスは干渉しない」だった。

しかし、しないと言いながら、こんなに干渉しまくった話はない。（こちらも一読あれ！）

ハリスも「私は一切の威嚇を用いないこと」とはさんでいるが、この時点での威嚇とは武力を意味し、大砲を向けたりしませんと言うだけで、話の方向は、《ぐずぐずしているとイギリスがアヘンを持ち込んで来て、この国をめちゃめちゃにしてしまうぞ、早い内にアメリカと条約を結べば、危険回避ができるぞ》と言うのは、威嚇でないのであれば、遠回しな脅し以外の何者でもない、と思える高見の視線を感じるのは筆者だけか。

自由貿易の利益についても、利益追求について、その仕組みを熟知した者と、それを一から学ぶ者とでは、大変なギャップが有って、実際に長崎では金や銀の大量流出が、この条約による貿易によって起こっていた訳で、熟知した者が大儲けをする事に成っている。

特に、経験のなかった後進国は植民地となり列強にむしり取られていた訳だから、日本とて同じ運命をたどる事になっていたのだ。

但し、ハリスは真面目な人物であった「私は現在日本の人々に経済学の初歩を教え、西洋における商業規則の運用に関する知識の教授に従っているとも言ってよい。これには想像以上の苦労がともなう。未だ新しくて、適当な言葉すらないような事柄について彼らに概念をあたえるだけでなく、それを聞いた通訳がそのオランダ語を知っていない始末なのだから。これがため、極めて簡単な概念を知らせるだけでも、、、絶大な忍耐を必要とする」と十二月十七日の日記に書いている。

幕府のエリートでもこれなんだから、ハリスがいくら真面目であっても、互角に利益追求するまで成長するには膨大な時間が費やされなければならない事は明白なのだ。

一八五八年一月十三日のハリス日記に「ヒュースケン君が今月八日以来、胆汁過多にひどく悩んでいる」とある。悩むぐらいだから、かなり体調が悪かったのでは、本人の日記には連日の交渉事しか出て来ない。

その中身については港を開らけ、そこに住む事を認めよと、私には殆ど興味が無いが、京都はどうだ、大阪はどうだ、いや兵庫です、堺です、とやり合っているのだが、細かく読んで行くと、交渉方として任命された、井上信濃守と岩瀬肥後守は、ずいぶんデタラメな条約内容交渉作業で、条約の内容そのものよりも、その表現が大名の反発をかわないかどうかが最大のポイントである様で、大切な条約の内容にも国家の指針など全く無く、国益まで捨て去って、大名の顔色、動向を伺い、国内において波風さえ立たなければ良いかのごとき、右往左往を繰り返す有様は、はっきり言って悲しく成ってしまう。

二月十二日のヒュースケンの日記「今朝、森山がきた。、、「金銭については」彼は言った、「なんの障害もない。大名は金銭や税金、関税に関心がない。彼らはこうした事柄をまったく口に出さない。われわれは貿易のことは何もわからないので、この規定が日本のためになるというあなたの言葉を信ずるほかはない。しかし、いったん事が条約上の大きな譲歩ということになると、これは大名たちの側からの圧力が予想される問題である」と言った」（何を考えとるんじゃ、と怒りたく成るような心境である！）。

ハリスの日記にも「第五条は通貨に関するもので、日本人に支払われる外国貨幣のすべてに対して六パーセントの両替手数料を日本政府にあたえ、更に日本貨幣の輸出を禁止する条項がのせてあった。私が全く驚いたことには、彼らはその六パーセントを放棄して、日本の貨幣の自由な輸出を許し！、また、すべての外国貨幣は日本において自由に通用しべきことを言明したのである」（お前らはアホか、筆者は怒鳴っている！）

こんな事だから、アメリカの本当のねらいはどうか、などと言う観点に立てる状態では無かったのだ。ハリスに取れば決定に持ち込むまでは膨大な時間が掛かる点を除けば、赤子の手をひねる状態だ。（ほんとうにハリス氏であって良かったのか、他の国だったらどう成っていたのか、空恐ろしい気がしてならない）

「第四条は、合衆国政府に、神奈川、箱館、長崎においてその艦隊の使用のために必需物資を無税で陸揚げする権利を認めている。これによって私は、世界で最も健康に恵まれた気候を有する国において、東洋の我が海軍の物資補給地といて三つの良港を選取したのである。この国では水夫の脱艦は不可能であるし、我々の権利を尊重するだけの十分な礼節をわしまえた政府が存在し、それに、イギリスのような我が国と断交の懼れのある国でないことが何よりだ。私は、この条項が極めて重要なものであると考えている。今や、あの不愉快な土地、香港から補給基地を移し、イギリスの勢力外に貯蔵物資を移すことができるからである」これは当時のアメリカの本音と言ってもいい部分だろう。

特に《懼れ》と言う字の意味が解れば、どんな関係かがうなづける。ただの恐れではなく、目が二つ有るのは鳥の目と言う事らしく、物の気配に恐れて一郡の鳥が一斉に、同方向に首を振り目を見張る様子を言うらしい。つまり、オーバーに言えば（びくびく気配を窺っている）関係と言う事だ。

イギリスから見れば、ほんの駆け出し、植民地上がり扱いであったと聞く。だからここまでコンプレックス丸出しの表現になっているのではないだろうか。

そして、こんなデタラメな談判をしている日本委員二人は、情け無さ過ぎて誠に格好悪いのだが、結局の所は、条約をハリス達に作ってもらった。と言った方が正確な状況ではなかったか、と言う事が少しづつ明らかになる。

ヒュースケンの日記によれば、共にハリス氏は粘り強く条約の修正を続けて来たのだが、「一八五八年二月十八日　木曜日（安政五年一月五日）、、、もうこれ以上長く滞在してはいられない、こうしていては寿命が縮まる。いままではずっと、囚人のように家に篭もって暮らしてきた。自分としては談判をこじらせることを恐れて外出しようとしなかった。、、、何かの事故が起こることもあろう。、、、しかしここで提案する。、、、」

条約を作り上げ、調印出来る状態にして、その日が来るまで下田に帰り待つ、用意が出来たら、迎えに来てくれ。

と言う内容の提案だ、それはヒュースケンも同じ気持ちだったと思うが、はっきり言って（うんざり）していた、それはこの両者の日記を読んでいる筆者自身が日本側委員に（うんざり）していまうから、あまり人に進めるものでは無いのでしょうが、この（うんざり）感は是非、熟読の上お味わい頂きたい思う所でもあります。

第十三章

翌日、政府はその提案をそのまま受け入れたそうだ。「そこで最後の協議がはじまった」とヒュースケンは書いている。これが又も、あれやこれやと長引くのだ。これだけ長い時間を掛けて検討してきたにも関わらず、どうしても決着出来ないのは、当時彼らの言う政府と言うのは、現在の様な政府としての機能を備えていなかったからで、今の県である藩は地図上では同じであっても各大名が統治する小国であり幕府にも介入する力が無かったから、条約の第一条の「領事代理は国内のどこへでも行く事を許される」件は当然のすったもんだをするのである。

二日後、ハリスは日記に告白して「、、、私は条約について全く失望し、意気消沈の思いをしている。私は大統領の承認を得るような条約の締結に全然失敗するのではなかろうか、甚だ気掛かりである。、、、日本人のオランダ語通訳者は、その語の慣用語の知識が極めて不十分である。一方、その無知に正比例して、自己満足が大きいのだ。日本語には単数も複数も、関係代名詞もなく、先行詞の用法も知られていない。所有格もない。これらの欠点のため、名詞と動詞の絶えざる反復を必要とし、何時もその意味が漠然として、曖昧である」と嘆き弱音を吐いている。

それは大変であったろうし、日本側通訳の無知もあっただろうと同情はするが、本来からすれば、合衆国側としてもオランダ語通訳だけで良しとしたのは、どう見ても、これから条約を結ぼうとする国に対しては少々甘いのでは無かったか。

いかに鎖国していたからと言えども、日本の言語、文化についての文献が全く無かった訳ではないから、日本側通訳だけを責めるのは筋違いである。只々日本語を勉強してくれれば良かったのである。

その上、御三家、御三卿を名義上の兄弟、血族と判って「日本人の嘘つきは底無しである」と、あまり勉強しては来なかった事を露呈している。

来日以来一年半では理解は無理であったろうが、そろそろ研究不足であった事を知るタイミングでもある。その点からも、当時の合衆国は他国を出し抜く事以外には、未知の国に対しての外交としては、行き当たりばったりの外交を試みたものと見る事ができる。

後に現われた前出のイギリスは、日本語の通訳（語学研修生アーネスト・サトウ）をまず中国語を学ばせ、日本人教師から学習させている事からも、準備段階での外交における成熟度の違いが見られる。

その理由は、結果は条約成立を見るのだが、事実上はハリスもヒュースケンも、この国に置き去り同様の扱いしか、本国からの援助を受けていないからで、荒削りが目立つ。

しかし、日本側の修正案は、彼の言う通りだろうから、どっちもいい勝敗だったのかも知れない。

その嘆きは、「若干のものは不合理で、その他のものは有害である。そして、日本の安全と名誉に役立って、日本の少しでも利益となるものは皆無である。若干のものの挿入は、現在明瞭であるものを曖昧ならしめ、多くは笑いものとなるだろう。あらゆる修正の具合が非友好的で、放漫で、この条約を容認し得ぬものにすると思われる。彼らはまだ、関税の問題を決定していない。、、、」と常に誠実なハリス氏は悩むのである。

この面倒な内容の条約交渉は、ハリスが「寿命が持たない」と言い出す前から延々と続いているのだが、正式に年表化されている第一回日米条約談判は、一月二十五日から丁度一ヶ月後の二月二十五日の第十四回日米条約談判と、ハリス氏が発病する直前まで続くのである。

二月二十七日には「昨夕日本委員に条約書の浄書した写しをわたした」と最終案を作成が終了した事を

うかがわせる。

そして彼は下田へ帰る汽船のスピードが異常に遅いに触れ、最後に（筆者が思うに体調の変化の引金に成ったと思われる）気象についての記述で日記が中断している。

「雪がひじょうに沢山降った今月十六日からこのかた、北緯三十六度としては気候がとても寒くなっている。日々の天気は概ね良好なのだが、今日までに寒暖計が三十三度以上になったことがない、強い北西風がカムチャッカからの寒気をともなって、たえず吹いている」と、これを書いた後、時間の経過は不明だがハリスは発病する。

華氏三十三度を調べると摂氏零点五度。江戸の宿舎蕃書調所の室内でこの温度なら、日本式の暖房器具でストーブなども無く、大変だったと思う。

こんな時ヒュースケン君がもう少し几帳面な性格ならと思うが、彼はハリスに代わって仕事を継続しているから、飛び飛びの日付の電文のような日記も仕方が無い、ハリスの病状を知るにはこの日記しかないからだ。

二十七日は「ハリス氏病気。嘔吐する。ひどい頭痛がして、体じゅうの骨が、背中も、腕も痛むと訴えている」とこれだけだ。（もう少し詳しく書けないものかともどかしいが、ハリスに代わって条約条項の交渉をしているから、仕方ない）

常識的に見て連日の雪で極度の冷えと疲労が重なって体調を悪化させたと見る事も出来るだろう。二月と言えば現在でも東京はよく大雪に見舞われる。

この部分が前述した、私が玉泉寺を去る時、思わず思い出して失礼にも笑ってしまた、ハリスの瀕死の、あの慢性消化不良の始まりだ。

三月五日には「非常に気分が悪いので、蒸気船で今日下田は連れて行ってくれるように政府に申し入れてほしい」とヒュースケンに訴え、この夜、二ヶ月後に条約に署名する事を約束した閣老会議首席からの手紙を信濃守から受け取っている。とうとう条約締結寸前まで彼らは漕ぎ着けていたのであった。

翌朝、ひどい雪降りの中をヒュースケンに支えられてハリスは篭、小舟を乗り継いで蒸気船に乗り込んでいる、この蒸気船（観光丸）がなんとも考えられないぐらい遅い船で、江戸から下田まで十二時間も掛かっている。

八日には「容態が悪化」

九日は「夕方倒れて、起きあがることができなかった」

十日には「今朝はベッドから転がり落ちて、、、彼は「手を貸してくれ。脚が立たない」と叫んだ」「変なことばかり言うので、私は命令に背いて、自分の責任で医師を呼んだ」とヒュースケンも見兼ねる状態で、奉行も医者を走らせている。

政府が江戸から遣わせた紀州侯医師伊藤貫斎と土地の医師とヒュースケンは書いているが、ハリスの『日本滞在記（下）』の（その後のハリスの消息と日記）の項には、貫斎とその門人一人と、同行の者八人、長崎でオランダ医学を修めた最も有名な医師二名を下田へ急派、とあり、桟橋への道程にも厳重な町触れが出され、医師団には幕府から（もしハリスの生命を取りとめ得ない場合は、切腹して申し開きするように、）と決死の覚悟で治療が進められた様子が分かる。

始めは拒否をつづけていたハリスも、ヒュースケンの勧めで診察を受けている。この日は吐剤を四回、

当時の事だから煎じ薬もあるが、さすがに飲めなかった様で。（筆者も考えただけでも胸が悪くなって、同情心が顔を出す）

次の日の診断は又悪化。今度は下剤を飲まされて、脚に茶色、体に紫の斑点が広がって、助からないと医師が言ってるのに、ヒュースケン君はお祈りをしようと話し掛けて、「そしてまた眠りこんだ。何もわからせることはできなかった。どうしたらよいのか？　ここではまったく独りぼっちだ。ああ！　恐ろしいことだ」と嘆き困惑してはいるが、その後実は、瀕死の病人のハリスが鶏のスープを一杯飲んでいるのである。

特に（スプーン一杯）などと特定していないから、普通にスープ皿一杯と考えると、助からないと宣告された病人が飲めるとは思えない。（失礼だけど）どこかおかしい。

その上、神妙に遺言の様な、懺悔の様なお祈りのやりとりがある。

ハリスは「そんなところで泣かないでくれ。、、冥福を祈っておくれ」とまで言っている。ハリスの『日本滞在記』の解説にはチフスの徴候とある、特に前半はそんな感じだが、ヒュースケンの日記の解説によると、（ハリスの瀕死の重病以来、一年以上経過した。一八五九年三月末に、合衆国軍艦ミシシッピ号が下田に寄港したとき、ハリスは海軍の軍医ジョン・S・フォックスの診療を受けたが、その診断では慢性の消化不良ということであった）とあり、どちらかは分からないが、二日後には髭を剃って風呂に入っている。

三日後には恢復してしまうのだ。（不謹慎だが、この部分があんまり芝居掛かってるから筆者は吹き出してしまう、特に御一読をと言いたい部分だ！珍しくヒュースケン君が毎日日付を飛ばさず記入した部分

でもある）

恢復したハリスは早くも四月二日には江戸へ出発したいと奉行への手紙を出している。

医師団が五月十三日までは旅行は危険だと言うのに、聞かないハリスは、四月十五日には悪天候で出発出来ないと言う船長に強要してまで出航させたが潮流と強風で港に戻り、十六日はスコールで網代の入江に。

十七日は、夕刻までには品川に着けないから浦賀に入港、十八日朝やっと四日目にして品川に到着している。

焦る気持ちは現代の私たちの感じる物差では測れないものなのだろうが、条約調印に賭ける、その気持ちとは裏腹に、この二人けっこう、珍道中好きなのかも知れない。

第十四章

こうまでして、江戸に戻ったハリスとヒュースケンだが、一八五八年五月十五日、京都でミカドの説得に当たった堀田備中守からの手紙では、「大名がＯＫすれば、私もＯＫする」と言われ、幕府側は凍結状態に成ってしまう。

ここからは、歴史好きの皆さんが良く御存じの展開であり、かいつまんでみる。詳しくは両書を。

六月一日に堀田は江戸へ戻り、六月四日に幕府のトップは堀田から井伊大老に移る。

これで又、調印の日程は延期、六月八日、解説の日本側の資料では堀田は六ヶ月を要求、ハリスは三ヶ月を提言した事が記載されているらしい。

六月九日の日記の断片には「九月四日に調印されることになる」と在り、日記はこの日で終わっているそうだ。

ハリスはその後同月十七日に下田へ帰る。江戸幕府内は爆発寸前の状態に陥っていたのは御存じの部分。ハリス関係は左遷など危ない状態でこのまま行けば、空中分解、消滅寸前（今までの苦労はなんだったんでしょう）と成るところ。

到底条約調印など入り込める状態では無かった訳で、彼ハリスは本当に（強運、ついていた男）だったと筆者は思う。

著者解説（条約の調印）の項によると、七月二十三日、下田にミシシッピー号が入港し、「イギリスとフランスの連合軍はシナを完全に征服し、その余韻に乗じて大艦隊は先鋒を日本に向け、ロシア艦隊もこれにつづいている」と言う最新情報がハリスの耳に入った。

二十四日堀田に急報、幕府は狼狽したとある。

そりゃそうでしょう。いくら開国論者ではない井伊大老であっても、植民地化と通商条約を天秤に掛けられ、その上待った無しと来れば、首を縦に振るしかない訳で、この好機とアイディアはハリスにとってはグットタイミングであったが、膨大な経費を掛け開戦を続けたイギリスから見ればと言うのが、前文のオールコックの言い分なのである。

では、付け込まれた側はどうだったのか、「(最も公正にして妥当な条約)の締結を完了して、諸大国をもこれに倣わせた方が賢明である。その上で、もしも不法な要求をする国があるなら、自分は一身をもって調停にあたり、その野望を防ぐであろう」とまで言うハリスの助け船をチラツカせられたら、引き伸ばし策でしか解決法のない状況下では、その船に乗るしか無かった様である。

この時井伊大老は「萬止むを得ない場合は、勅許を待たずして調印するも致方なし」と言ったそうである。

実害を比較すれば、最小限のリスクを選択した事になるが、諸外国との調停までハリスにあずけた事になる。

これは一国としては無責任だが、時代背景は緊迫の頂点に達していたのだろう。

表現は適切では無いだろうが、もはや封建制度はドンズマリまで来ていて、当時のこの国の問題処理能力はすでに限界に達していたか、機能していなかったか、どちらかだったのだろう。

真のディテールは専門家にお任せして、ハリス、特にヒュースケン君フアンの筆者としてはもう少し追いたい。

かくして一八五八年七月二十九日午後三時ポーハタン号艦上で念願の調印が目出度く又、アッケ無く取り行なわれたのであった。

所が両者の日記が無いのである。

ハリスは発病した二月二十七日が最後で、その後は日記の断片（五月十五日、六月七日、六月八日、六月九日）はいわゆるメモ書きである。

注には、縦四十一・二五センチ、横二十五センチの大型日本紙の両面に鉛筆で書かれていると言う。

翻訳者青木枝朗氏の【英訳者の解説】では、ヒュースケンも六月八日で終わって以後二年半書いてないらしい。その中で動機について「何であったかは推測の限りではない。外交活動の緊迫であろうか？ちょっとそうは思えない。というのは、彼らの記録は日本側との交渉がもっとも頻繁だった時期にも忠実に書きつづけられているからである。二人ともその気になりさえすれば、事の経過を個人的に論評する時間は十分にあったにちがいない」と仰っている。

筆者は青木氏の言葉の中から、（ちょっとそうは思えない）と（その気になりさえすれば）が非常に印象的に頭に残った。

それは異義を唱える様な大それたものでは勿論無く、一愛読者として、一緒に推理を楽しみたいと考えている程度のもの、と受け取って頂きたい。

氏のこの二つの言葉は言い得て妙、ここまで読んで来た者にすれば、その通りである。

ヒュースケン君は別としても、ハリスの日記は、あれだけ几帳面に克明に書き綴られて来ただけに（ちょっとそうは思えないし）、散逸したのではないかとも言われている。見付かれば良いとは思うが、私たちの前に、現実に、又、物理的にそれは無いのであって、その後を読む事は奇跡でも起きない限り（発見されない限り）出来ないのである。

では、無いと言う前提、元々ここまでしか無かったと言う前提に立って考えるのはどうだろうか。（その気になりさえすれば）書けた筈だから、書かなかったと言う事は（その気に成らなかった）訳で、それなら何故二人はその間（その気に成らなかった）のか、、、。

それはこの日記の性格を考えて見てはどうだろう。

日常私たちが書く日記は、読み返して見ると恥ずかしい部分があったり、所々意味不明であったり、多分に独白調で勝手な私見が見られるもので、どちらかと言うとヒュースケンのほうがそれに近い。ハリスの方は殆どが彼の業務に関する事で、常に事務的な経過を辿っている。

勿論個人的な日記である事に間違いはないが、そんな性格を見る事は出来ないだろうかと言う点だ。ヒュースケンの方も一八五八年三月十八日、ハリスが恢復した頃、「ところでまだもう一冊、私の名前でオランダ女王陛下のお手もとに差し上げる日記があるが、九月六日から、えんえん今月八日までの分を書かなくちゃならない」と言ってる所からして、なんらかの義務を負った日記である形跡を感じる点から、我々の日常の日記と単純に比べるのは問題があるし、勿論の事だが、単なる旅行記とも、大きな隔りを感じない訳には行かない。

それは、日米修好通商条約と言う国家的な一大目的がドスンと胡坐をかいているからで、その目標に向かって困難を押し進む道標及び業務日誌的役割を成していたのではなかったか、それゆえ克明にプロセスを明記し、ステップの確認として存在したのではなかったか、その一大目的の条約が大願成就、成立した事で、精神的支えとしての小道具の存在がにわかに薄れてしまったのではないか。

それまでの彼らの二年近い日記中の奮闘振りを見れば、何の保障も無い状態から始まって唯々孤軍奮戦し、成立寸前まで絶望的で不安定な状況の中で唯一精神的支えに成っていたのが、彼ら自身の為の業務日誌的役割の日記なのではなかったろうか。

条約が調印された事で、彼らの存在が初めて国家的に認められ、初めてその存在が安定し、その後の史実でも他国との外交には、日本にとって二人は重要な人物へと存在が急転する点を見ても、精神状態の変化の差は天と地ほどの落差の違いがあったと思われるし、その興奮度は我々の現代の尺度では測れない高度差がこの日記の裏側に潜んで居るように思えてならない。

今まで限りなく不可能で全く未知（手探り視界零）のものが、突然現実に光を放った時、全面否定され続けたものが、突然全て肯定される立場に成った時、人はそのプロセスを明記し続けるほど（冷静）で居られるだろうか。

自分自身に当てはめても、未だ世界中の誰もどの国も成し得ない、とんでもないビッグな事業が達成出来た時に、静かに日記に向かってるなど考えられない。筆者なら踊り狂うか、抱き合いまくるか、何ヶ月も祝杯を挙げ続けるに違いない。

もし、数ヶ月後冷静に立ち返り、日記に向かうその気になっていたとしたら、日本紙に鉛筆で書かれた（断片的日記）から面倒にも続けられなければ成らないし、それも手を付けられていないと言う事実は、メモは付けていたにしろ、日記に対する（価値観）が大変大きな変化を起こした、測れない高度差の興奮が継続され続けたとしても不思議ではないだろう。

現実に彼らは、その後益々忙しくなっている。アメリカとの条約調印後三十日は他国と条約及び仮条約は締結しない誓約を文書化までしているのに、日本はオランダ、ロシア、イギリスとどれも三十日以内に通商条約締結し、なんとハリス自身が協力しヒュースケンを貸してまでいるのである。

あれだけスパイ、スパイとわめき立てていた人物が、違反であるにもかかわらず、この変化を見ても状況の違いを感じる事が出来るかも知れない。

ただ、筆者が言う様に祝杯を挙げ続ける暇はあまり無かった様である。

無理で勝手な推理であった事を先にお詫びして置く、それは事実確認の出来ないものばかりであったからである、事実は日記が無いと言う事が一つあるだけ、日記の活字は淡々と並べられているだけで、感情を感じ取る事は難しい、だがこの両書を合わせ読む事でその感情が（私には）増幅されて伝わって来る様な気がしてならない。

あたかも当時の二人のパートナーシップが文字の奥からよみがえったかのように。

第十四章

第十五章

ヒュースケンは条約が調印されてから約二年半後の一八六一年一月一日から日記を何故か再開している。解説にもあるが、その理由は全くの未知、こればっかりは本人に聞くしかない。その日記の日付は、彼がこの世を去る十五日前の事なのだ。

「日本政府は五百ないし六百の浪人が、おそらく水戸家の浪人であろうが、輸出貿易のために主要食品の価格が絶えず騰貴していることから外国人に対して怒りを抱き、横浜を焼打ちしようとしているという風聞を耳にしたので、それを内々ハリスに伝えるため、急に閣老会議から派遣されてきたというのである。政府は浪人たちが江戸の代表部や神奈川の領事館を襲撃するかも知れないとおそれている。、、、」と言う、誠に物騒な話で彼の日記は再び始まっている。

読者には突然とんでもなく物騒な時代に、ヒュースケン君がふと目を覚ました様な錯覚を起こしてしまう。ヒュースケン君が眠っていたのではない。只、日記だけが眠っていたのだ。そして目を覚ました。線香花火の最後の柳の火花の様に。

この間の事は筆者の好みに関係無く、年表を見るしか無い。

ハリス『日本滞在記（下）』の巻末の年表を見て頂ければ、変わる事無くと言うより、これまで以上に順当に忙しい事が分かる。それはヒュースケン君にとっても、同じと言う意味だが。

一月三日は「、、、掘オリベノカミが十二月三十一日に死んだ。政府は否定しているが、かれは自分の腹を切ったという噂である」外国総奉行がミスで責任を取ったらしい。

一月七日は浪人の首謀者逮捕や「、、、富裕な日本の商人が、価格を釣り上げるため多量の食品を買い占め、売ろうとしなかったので、政府によって逮捕され、全財産を没収され、本人は島に送られることになるらしい」事や白木屋の御用金の事など。

最後の最後の日付は一月八日、「、、、オイレンブルク伯爵が大君の謁見を求める最後通牒を翻訳し終わった」で終わっている。

浪人達が横浜を焼打ちすると言う風聞が出るぐらい、米の流通が急変したのだ。それでなくとも日本には、飢饉に成ると必ず商人が米の買い占めを行い、百姓一揆で襲われ打ち壊しに遭う、欲の皮の商人ストーリーが常識古典化している。

ここではどの位い上がったのかは出てこない。その商人は島流しに成るらしい事だけ、、、。

もっと後の戊辰戦争の頃にこんな比較が光雲翁談として出ている。《嘉永六年ペルリ来の時に米百俵四十九両、、、百文（一銭）持って行って一升買って戻れたのが、慶応三年の冬には、、、百文でわずかに一合一勺、ほとんど十倍になっていた。、、》（戊辰物語より、その後暴落するのだが）と言うから驚きで、庶民なら倍に成っただけで死にそうなのに、もしその中間の五〜六倍であったとしても大変な地獄の様な事態に民衆が苦しんだに違いないだろう。

この点はぜひ現代に置き換えて想像してもらいたい。こんな事が今起こったら世間はどんな事を巻き起こしているか、きっと何かを、誰かを、悪者に仕立てて行く風聞が流れ、暴動が起こる寸前ギリギリの所まで、不満や敵意が膨らんでも不思議ではない世情を。

これらが拍車を掛け、外国人に対する敵意が次第に広がっていった。オールコックは、市民や役人までの暴力に対して、閣老への抗議文を披露している。

又アメリカ条約後「この最初の流血ざたは、すべての人を驚かせた。と言うのは、わたしがいままで記録したように、とくに江戸の大名やその武装した家来たちから発していると信じられる敵意の証拠が、どこかにないわけではなかったが、敵意は今日までただ無礼や侮辱ないし暴民の乱暴にあらわれていた。ところがこんどは、まったくなんの挑発もなく、首都から離れているのに、三人が襲撃されて、もっとも野蛮なやり方で屠殺されたのである」と一八五九年八月二十五日のロシア船員二名殺害一名負傷の事件ついて時代の情勢を分析している。

「当局者に正当な処置を期待することは、無理だった。しかし、かれらはただの追いはぎではなかった。なぜなら、被暗殺者たちがめった切りにされてほとんど手足を切り離されたやり方を見ると、ただ片輪にするとか殺すとかいう欲望以上のものがあると思われたからだ。なにか残酷な執念ぶかいものがあって、その傷の数や程度からしても、個人的ないし政治的な感情が見られた。、、、一般のうわさによれば、この行為がなされたのは、まさしく脅迫のためである、そのために、、、の部下がえらばれたとのことだった」とこの時、異様な殺意を、この国全体から肌を通して感じていたのではなかったろうか。

この部分は書き始めた時から、書かずに済ませないものかと考えつづけていた悲しい部分だ。

そして、最も怒りが込み上げてくる部分であり許せない部分だ。

これが伝統的な日本式だったのかも知れないが、武士を見ていると、何事に於いても〈切ってしまえば論理も何もかもそれで終止符〉と言う〈問答無用〉。

又それが武士の論理と言う風な所があって、それは突き詰めて行けば、強いものが勝ち。

それ以外の何者でもない希薄な論理があって、自分自身の責任に於いても腹を切り、首を切りと、一見いさぎよい様に見えるが、はなはだ独特な短絡気味であり、日本の武士だけが作り上げてきた社会の価値観であり特異な美意識のバージョンであったとしても、もはや悲しくも条約と言う物の前には、全く何んの機能もしなかった事から、只の暴力に変化していた。

筆者は中学生の時だったか、壇上の社会党浅沼委員長が右翼学生山口二矢（確かそんな名前だったと記憶している誤字があるかも知れないが）に刺される所を見ている。勿論ニュースでだが、その時初めて人が人を殺すシーンを日常生活の中で見て、強烈なショックを受けた。

何故見せたと、わめきたくなる様なシーンだった。何と言う恐ろしい国だと身震いがしたのを覚えている。

そして高校生の時、ケネディ暗殺のシーンも徹夜明けの早朝、偶然にも初めての衛星宇宙中継で見てしまった時、又、浅沼委員長のシーンがだぶって脳裏に浮かんだ。

それは言葉では言えない程、嫌なシーンだ。何にゆえにして人が人を抹殺する事など許されるのだろう怒りが込み上げる。そして呪うべき最悪の暴力がテロリズムだ。

それがヒュースケンの身上に起こったのである。百四十一年も昔の事ではあるが、悲しい事に起こってしまったのである。

条約の何んたるかを知らぬ日本の為に、ハリスと共に手取り足取り導いてくれた功労者であり一番の親日家だったのだ。

翻訳者解説では「、、多少とも「日本通」めいた存在なっていたという事実、、外交官や商人の間に、気心の合う友人を多く見いだすことができた。、、日本に関する消息通として、多くの日本訪問者を案内し、同伴者となり、その人たちは後になって旅行記を刊行するとき、いずれもみな、ヒュースケンに好感を抱いたことを記している」とある。

私はこの書を読んで来て、はっきりヒュースケン君は「日本贔屓」であったと表現しておきたい。

ヒュースケンの最後の四日分の日記にあるように、この時代の物騒な国内の動きは徳川政府顛覆や外国人への敵意にまで高まっていったと解説にある。

前年三月の井伊大老暗殺の《桜田門外の変》を知っていたのだから、より慎重な警戒をして欲しかったしもっと日本を満喫してもらいたかったが、自由奔放に行動するヒュースケン君の性格を止める事は出来なかったのだろう。

桜田門の前月、一八六〇年二月十三日に条約批准書交換の為に、その条約調印をした米艦ポーハタンで遣米使節が横浜を出発し、同年十一月九日米艦ナイヤガラで帰国しているから当然アメリカ代表は重要な役割を果たしていたのである。どこかで聞いた事のある咸臨丸はその時の護衛艦である。

【英訳者の解説】には親切にも、一八六一年一月二十三日付けのハリスが国務省に送った報告書の内容が挿入されているのは、読者に取っては、その時の状況やハリスの心境などが汲み取れる唯一の有り難い大切な部分だ。

それには、「夜間不用意な外出によってその種のことをなすのに恰好の機会を提供しているヒュースケン氏が、、、、　彼は四ヶ月以上も前から、ほとんど毎夜のようにプロシア代表部を訪問し、夜八時から十一時ころ帰宅する習慣であった。この長期間の規則正しい外出が不慮の死を招くことになったのではあるまいか」

年表を見ると確かに前年の八月二十二日にハリスは幕府にプロシアとの条約締結を勧めている。と言う事はヒュースケンはハリスの命により四ヵ月間プロシア代表部に通ったのか。

始めはそうだったが、後半は親しくなり個人的に出掛けたのか分からないが、それは主に公務であったろう。ハリスの文章からすると（習慣）だなんて他人事のようで、私には関係ないと言う感じに見えてくる。

しかし、ヒュースケンが暗殺された日から九日後にプロシアの修好通商条約が調印されている所を見ると、条約内容が大詰の所まで来ていたと言う事で、彼は通わされていたので、ハリスの表現も（訪問し）では無く（訪問させ）で、（ころ帰宅する習慣であった）では無く（ころ帰宅する公務に就いていた）で無ければならないが、「私は常に、ヒュースケン氏が危険を冒していることを警告し、そのようにして身をさらさないことを願っていた」は（ホンマカイナ！）と思いたくなる。

（夜間不用意な外出）はあんまりだと思う。報告書とはこんなものかも知れないが、しかし、最後に「この突然の、恐るべき災難で、私は深く悩んでいる。、、、私の下田における長い孤独な生活の伴侶であった。、、、主人と雇人というより、むしろ父と子のようなものであった」とハリスは初めて私的感情をあらわにしている。


さて、ここまでは額面通りの日本には同情的に対応してくれた両者だったが、他の諸外国にとっては彼らがどんな存在に写ったのだろうと、ふと思いがよぎってしまった。

それはどの国と言う事でもなく、根拠も無い私個人の全くの想像だが、〈先んじる者があればうとましく思う者もあり〉と言う常識的な発想からだ。

国家のメンツと国家のメンツがぶつかり合う様な事は本当に無かったのだろうか。アヘン戦争あり、植民地あり、奴隷制度あり、南北戦争ありのこんな時代背景の中で、さらりと読んで、（ほんとうに良い人ばかりで終わってしまって）いいのだろうか。と言う疑問が浮かんだとしても、不思議ではないのではないか。

ここで私は、何も無理やりに陰謀説をおっ立てようと言う気では無いが、もう少し後の明治維新直前には（リーズデイル卿回想録ではっきり書かれている様に）フランスとイギリスが何度となく鍔迫り合いを重ねていると言うか、はっきり支配権争いをしている事から見ても、すんなり行き過ぎているのではないかと思われる。

あくまで例えばであるが、例えばオランダなどは永い間、長崎の出島でガマンし続け、最も実績のある親日国であった筈なのに（言い方を変えれば、優先順位トップであった筈なのに）、あっと言う間に、アメリカに出し抜かれたのであるから、国家としては面目丸潰れではなかったのだろうか。

同じように考えて行くと国の威信と言う意味では、オランダだけでは無く、他の諸外国にも言える部分はあるようにも思える。その上アメリカは新興国、列強からすれば新参者、その新参者が日本の代表みたいに動いて、条約については仲介の労をとっているのである。諸外国の威信からすれば、自国の条約を他国の仲介を通さなければ出来ないと言うのは、どう見ても正常ではないと想像するのだが。

ハリスは約束通り列強から無理難題が出ないようにと、防波堤の様な条約で日本を守ろうと努めたが、その列強側からすれば、もしかしてそれは〈旨味のないもの〉に成っていたのかも知れないし、威信を傷つけたかも知れない。

ハリスはヒュースケンを諸外国公使に、通訳だけではなく条約エキスパートとしてほいほい貸している。唯一フランスだけは断ったらしいが、アメリカだけがしゃしゃり出ている感がどうしても拭えないのである。

これもあくまでも（もし）であるが、もし優位性を独占するため、アメリカを（ハリスを）引きずり下ろそうとする国があったとしたら、事は時代から見てそんなに難しい事ではなく、ターゲットは有能な通訳ヒュースケンと言う事にならないだろうか。

これには何の根拠も無い、筆者の勝手な想像上の仮説、である事を再度付け加えておきます。

ところで、基本的に日本人の外国人憎悪の感情は、きわめて一部の人格を、極端な神格化によって、国内統一と権力の維持のシステムとして徹底された結果、醸成された事は言うまでもない。

当時の日本人の持つイメージが単一で有った事、それが近代の大戦にまで持続していた事を思えば、その純度の極端さは想像以上と考えたい。

同じ様な外国人襲撃事件の例として、ヒュースケン暗殺から七年後（一八六八年三月二十三日）の京都で天皇謁見の為、御所へ向かう英国公使パークスらを襲った二名の日本人の内、捕われた青年の一人が語った言葉から、その動機の単純性から当時の思想の構造がうかがえる。アーネスト・サトウの同僚であったA・B・ミットフォード、リーズデイル卿の回想録にそれがある。

「寺の門に面したまっすぐな道路を我々の行列は何の妨害もうけずに進んでいったが、列の先頭が居酒屋や芸者置屋の多い新橋通りの角を曲がろうとした時、抜き身の刀を手にした二人の浪人者が飛び出して来て、怒り狂ったように行列に切りかかった。、、、中井弘蔵が馬から飛び下りて、刀を抜いて敵の一人と渡り合ったが、、、パークス公使と一緒にいた後藤象二郎は、この時また角を曲がり切っていなかったが、、、異変が起こったことに気づいて、急いで馬から下りて前のほうへ中井の救援に駆けつけた。彼らは敵と激しく戦って、ついに悪党の一人を切り伏せ、中井が飛び起きて、彼の首を切りおとした」「もう一人の男はパークス公使を狙って、あたり構わず切りつけたが、運よく公使は危難を逃れたのである。サトウも間一髪のところで、、、腕をねじあげて、血の滴る刀を取り上げた。そして第九連隊の兵士に彼を引き渡したのだが、、、素早く路地に駆け込んで中庭のほうへ逃げてしまった」「私が庭の奥までたどって行くと、泥と血で汚れて人間とは思えない、ぞっとする顔をした男が、塀を上って逃げようとしているのが見えた。私は彼に手をかけて引きずり下ろした。彼が私を見つめた時、その目に浮かんだ恐怖の色を決して忘れないだろう。明らかに私が彼を殺そうとしていると思ったに違いない。彼が私のことを殺人者と見なしたのは当然である。しかし、私の目的は、その反対に彼を救うことにあった。私は彼を捕らえて事件の真相を聞き出したかったのだ。それゆえ、私は彼を護衛に引き渡し、傷つけないように厳しく命令した」そこでA・B・ミットフォード氏はアーネスト・サトウ氏と共に取り調べをしている。

その男は僧で、「、、今朝、城を発って、出会った外国人を全部殺すつもりで来たのです。今月二日に天皇の護衛隊に入るつもりで京都に来ました。、、、城では第一連隊に入りましたが、仲間と意見が合わず、自分の考えに従って行動することに決心しました。私は外国人を殺そうとしました。、、、」。

この囚人は二十八歳、首を落とされた共犯者は十八歳、京都近く桂村の医者の息子、「、、彼は浪人で、護衛隊の第一連隊に属していました。昨晩、召使から外国人が宮廷に行くという話を聞きました。それで外国人の通るのを待っていました。彼らが、どこの国の人々か知りませんでした。私が外国人を見たのは初めてです。私は罪を悔いております。我々二人とも、突然そういう考えをもったのです。今まで外国人を憎んだことはありません」

「これは林田の首です、、、我々は居酒屋で一緒に酒を飲んでいたのです、、、」

その後ミットフォード氏は囚人に茶、飯、汁、煙管、煙草、を差し入れ、打ち解けるように成ったと言う。

その中で「、、、外国人がこんなに親切な人間だと知っていたら、あのような企ては決して実行しなかっただろうし、そのことについて深く後悔していると、何度も繰り返した。、、彼はサトウの学者としての名声を聞いていたが、何国人だか知らなかった。、、、」と言う。

サトウもこの日の事件を書いているが、証言にまで及んでいない。

外国人が自国の神聖な都の宮廷に入ると言う事だけで、考えの合うもの同志が酒を酌み交わし（突然そういう考えに成って）凶行に及んだ、たぶんこの時代の［天誅］（テンチュウ、天に代わって行なう罰とある）と言う言葉の正義感がこの様な事の中心に成っていたのだろうが、そんなに都合良く一般人がコロコロと天に代わってもらってはたまったものじゃない。

行動そのものを［天］と美化し転嫁する事で、責任の回避をし、自分の意志を隠し、その思想は他の価値観との比較すら無く、疑問を抱く余地すら無く封印された状態で、幕末まで生きつづけた《そのもの》とは一体何か、最早、現代の我々が想像するよりも《そのもの》の言葉を聞いたほうが解りやすいかもしれない。

Ａ・Ｂ・ミットフォードの『英国外交官の見た幕末維新』によると、一八六九年四月十八日我が国の最初の議会（今の国会）の議事録を紹介している。

我が国においては議論の内容を初めて公表したものらしい。（紹介したい）

その中に、切腹と帯刀禁止の提案に対する、それぞれの議員から出た意見がある。

切腹について、「日本古来の精神である大和魂の神髄であり、その本義に対する忠誠を身をもって実践するものである」「それを禁止することは政体の柱を一本外すようなものだ」「切腹は本邦の美俗にして、海外諸国に卓越する所以である」「士族の廉恥心を養う習慣は、存続せねばならない。皇国が外国に勝るのは疑いもなくこのためである」「諸外国の柔弱をまねして、どうしてこの習慣を禁止しなければならないのか」「この神の国において、このような法案を論議する必要はない」「切腹は神州の正気に発源し、大和魂の寓するところである。決して禁じてはならない」「切腹が皇国のめに行なわれ、外国では行なわれないのは、皇国の皇国たる所以である」今では信じられないが、こんな様子だったのです。

そして投票の結果は、賛成三、反対二百、棄権六、だったと言う。

帯刀は二〜三年後に立法化されるのだが、この時は議論は少なく全員一致で否決。発言は「治にいて、乱をわすれずというのは武士の教訓である。内乱の最中に、内乱が起きているのを忘れよとは如何なる方策か。現今の時勢を何と心得るのか。武士が両刀を帯びるのは力をもって力を制するためである。太刀の威光はそれを差していることにあり、それを抜かずとも、事を治める自然の力が備わっているのである。云々」

やはり力でしか無かったんだよね。

第十六章

最近になってやっと『幕末・写真の時代』の高価な大判を入手した。勿論の事だが、文庫本でも楽しめる、が、その迫力は違う。

筆者は普段高価な書の購入経験が皆無であるから、少々迷っていたが、一枚の写真で財布の紐がすんなり緩んでしまった。

それもこの時代になんとパノラマ写真なのだ。そのスケール感は一見の価値がある。

すでに超大型の銀盤カメラでスリー・カットの正確なパノラマを見せ付けられたら、私たちがパノラマ写真を撮って見たいと思うのは、ごく当たり前のしごく平凡な事だと思い知らされる。

解説に、「有馬屋敷と町家　F・ベアト撮影　文久三年（一八六三）～元治元年（一八六四）頃　鶏卵紙」とある。場所は三田と麻布に沿って芝増上寺芝公園南側へと流れる古川の〈中の橋〉を、古地図名称では〈赤羽根橋〉（現、赤羽橋）から撮影されたものとある。

ただの風景ではない！

中央に小川の様な、広くも無い、ちょろちょろ流れる様な、川があって、川原には草が生え、両側の土手は盛り上がり、少しの木々と殆どは草で覆われ、往来は土手よりほんの少し低いらしく、右手には平屋らしき町家が並び、左手には長大な大名屋敷（久留米藩有馬中務大輔上屋敷）、中央、古川の奥には特に珍しくも無い木造の橋が掛かっているだけ、何処にでもある田舎の風景じゃないですか！とつい言いたく成る様な風景写真なのだ。

しかしこれがまさしく当時の江戸の風景なのだ。当時の田舎にこんな馬鹿デカイ大名屋敷など無い。こんな立派の橋も無ければ町家の密集なども無い。これが江戸だと言うイメージも無く、現在の都会の中の、街のイメージでこの両者の日記を読んでしまったとしたら、何とつまらない事だろう。

町外れではあるがこれが江戸なのだ。同時に前頁に同じくベアトの撮った〈愛宕山から見た江戸東方のパノラマ〉があるが、浜離宮を中央の遠景したアングルは、見事に整然とした大名屋敷の密集が見られる。その向こうは勿論江戸湾、この両者がいわゆる田舎と称するものでは無く、当時の日本の大都市の姿なのだ。

一見すると、どちらのパノラマ写真にも人影が無いが、大名屋敷の内部の配置や、以外と殺風景な庭の様子、今ではあまり体験出来ない感覚で、建物の高さが統一されていて、町全体が地平線まで延々と同じ瓦屋根が続いている。

所々にピコピコと飛び出してるのは火の見らしい櫓。遠景に一段と高い屋根が突き出しているのは多分大寺院だろうと思ったら築地西本願寺だと言う。現代の地図で見るとその位置関係が明確に成る。屋敷ばかりで以外と木々は少ない。これが本当の「甍の波」と言うものだろう。

〈有馬屋敷と町家〉の方も思っていた程木々は多すぎず、むしろ快適生活に良いバランスを保っていたのだろう。

良く見ると左手の大名屋敷の門の前に二人の男性が大きな荷物らしい物（見方によれば女性二人が座す後ろ姿の様にも見える）をはさんで座り込んでカメラ方向に顔を向けている。

そこで筆者はルーペを取り出して覗き込む事にした。おかしいのだ、どう考えても。当時としては今のパソコンやインターネット以上の最先端技術がカメラだった筈なのだ。それも珍しい外国人が橋の上に大きな撮影装置を構え、大掛りな現像装置も必要だった筈だから、移動するだけで多くの人夫が必要だった筈。人目を引かない訳が無いから、少なくとも撮影者ベアト氏のまわりには多くの人だかりがあった筈。他の写真を見てもベアト氏はアングルの中に人の配置を、当時としては自然に見える様に、あえて演出をしている事が多いから、どこかにきっと人が居る筈である。

中央の遠景中の橋の上に一見木の枝の様だが、一群の人たちが幟の様な物を手に手に群がって居る様にも見えるがルーペでも断定は出来ない。右手の町家の門口には、入ろうとする背を向けた女性、右端の門口には職人風の袢纏姿に見える男が軽く腰を掛け、煙管で煙草の一服している、橋の下にも何か有りそうに思うが定かではないので、この辺りだろう。

〈所で、庶民感覚からしてお高い写真書であるから、文庫本でも十分満足出来ると思う。しかし文庫本にはこの写真は無いので、ルーペは使えないでしょうが、大きな本屋さんで発見されたら、ご覧になるだけでも楽しめる事でしょう。因みに、この時代から約二十年後に成るが、イギリスのアーネスト・サトウのガイドブックを手に、フランスの金持ちの息子が世界旅行の一つにカメラを持って明治初期の日本中を撮影している『ボンジュール　ジャポン』〈フランス青年が活写した1882年〉も、洋館の小学校と警察が全国に普及しはじめた頃と云えども、明治八年までは東京でも武士はまだ帯刀していたと言うから、明治十五年と言えどもまだまだ江戸、是非レアなジャパンを楽しんで頂きたいものです〉

ちょっと写真にばかりこだわってしまっていたようですが、この《古川・中の橋》の写真こそが、ヒュースケンが暗殺された現場写真なのです。勿論、後の撮影ですが、解説に「ベアトは事件の状況説明としてこの写真を撮影したようにおもえる」とある。

ハリスの報告書には「ヒュースケン氏は九時半ごろ代表部へ運ばれてきた。ただちにプロシアとイギリスの代表部から外科医の応援を求め、医術が許す限り、誠心誠意あらゆる手当を施したが、すべては空しく、致命傷だったので、十六日朝十二時三十分に死亡した」とある。

現場は町家の並ぶ麻布側で橋の直ぐ右側とある。その辺りを特に念入りにルーペで覗くが変わった所は見られない、むしろ見通しの良い場所だ。こんな所でと、始めは私も思ったが、当時の夜の照明は暗く、提灯、蝋燭の世界、月明かりで物が見えたぐらいだから、黒っぽい着物や黒っぽい手ぬぐいでほっかむりでもすれば、暗夜の助けで簡単に、隠れようと思えば何処にだって隠れる事は出来ただろう。

ハリスは「今月十五日の夜九時頃、ヒュースケン氏はプロシア代表部から帰宅の途上にあった。三名の騎馬の役人と、四名の徒士が提灯をさげて随行していた。騎馬の役人の一人はとつぜん両側から攻撃された」とある。

となると、この写真の何処に潜んでいたかが、何んとなく想像出来そうだ。この中の橋を麻布側に渡った直後か、数メートル進んだ所かは触れられていないが、この辺りとすれば、橋を渡れは直ぐ町家が並んでるから、一方は家並みの影に、一方は土手の下に、渡り切って直ぐの事なら、橋の下が不意を突くには一番の場所に成る。

「役人たちの馬が刺突され、斬りつけられた。提灯は消え、ヒュースケン氏は両脇腹に負傷した。彼は馬を全力疾走させ、二百ヤードほど走った頃、大声をあげて役人たちを呼び、負傷して死にそうだと言ってから落馬した。暗殺者は七名で、ただちに逃げ去り、、、、」

引用していても、この部分はやはりたまらない気持ちがこみあげて来る。（なんて事をするんだこの馬鹿もんがと言いたい！）

歴史的に見れば新しい時代の波に浸食され始めた武士（及び、浪人）たちの断末魔の叫びとでも言えば少しは恰好いいのだろうが、既に武士道は風化していて、剣の腕を競う場は何処にも無かった訳で、この場合どう言い訳しても無体な暴力でしかない。

仲間から英雄視されたい卑しい功名心か、変化に順応することを恐れる臆病者か、これで日本が救えるとでも思ったとしたら思慮の軽薄さ露呈しているし、ましてや闇討ちと成れば、はっきり言ってこれは卑怯者である。もし武士道にそんなものが在るとしたら最低である。これはならず者の手口と言うほかは無い。

巻末に彼らの名の一部が明記されている。実は出羽と薩摩の者らしい。そして「難なく暗夜の街に隠れてしまった」とある。情けないし悲しすぎる時代だが、その遺伝子をどこかに運び続けているのが私たちだとしたら救い様のない気持ちに成ってしまうのだ。

ヒュースケン、二十八歳と十一ヶ月二十七日の生涯だった。

およそ一年のちの一八六一年十二月十四日、ハリスの働きによって、幕府はヒュースケンの生前の慰労として、様銀四千ドル、母親への扶助料として六千ドルを贈ったらしい。

解説の最後には、ハリスに送られたヒュースケンの母からの礼状がある。ハリスも間もなく日本での活動を停止し、ニューヨークの彼の一室に戻ってしまうのである。

この時、閣老はハリスの（留任願い）をアメリカ政府に送ったらしい。でも、それはちょっと虫が良過ぎると言うもので、これだけ日本の為に働いた人に、こんな仕打ちをしてしまったのだから、とどまってくれも無いものである。

ヒュースケンを失って、最も失意の中にあったのがハリスである事を理解できれば止める事など出来ない筈である。帰国が決定した時、将軍家茂はハリスの人格と功績を讃える書簡を大統領に送ったそうで、これは当然の事である。が、「閣老は未だ再渡日の願いを国務長官に送った」と解説にあるが、閣老は無神経過ぎるのではないかと筆者は思う。

ハリスにとってヒュースケンは片腕なんかでは無く、両手両足そして重要な頭脳であった事、誰が考えても《いくら頼まれても、こんな国に居てやるものか》と思うのが当たり前。

帰国理由の表向きは病によるものだが、彼がそう思っていなかったとしても続ける気持ちに成れなかったのは事実だ。そしてそれ以上に責任を重大に感じての帰国であったに違いない。（それ以後のハリスについては、『日本滞在記』の〈その後のハリスの消息と日記〉を熟読されたい）

では、この二人が、およそ百五十年前のこの国日本について、どんな感情を持っていたのかを、筆者感覚で引用紹介して本書の締め括りとしたい。

ハリスは下田に到着して以来、国際法などを持ち出して、スパイ行為を叫んでいた反面、とても心やさしい感覚を持っていたのを覗かせる様な記述がある。

それは、条約交渉がまとまる寸前に病で倒れ、下田に帰って遺言まで残しかけ、医師団の努力で見事回復した時の事らしいが、言葉の表面はやはり威厳を重んじてか堅苦しいが、その裏を読み取ると（そんな事が気掛かりだったのか）と、少しほほ笑ましく成ってしまう部分だと思う。

「私は日本人の親切な性質を示すため、これらの詳細を記す。恐らく私は、江戸における三ヵ月の私の滞在が、日本政府の当事者に対して不快な印象をあたえていなかったと解してよかろう」

これを大阪弁に直したら（めちゃめちゃ親切にしてもろうて、うれしかったわァ！ほんま死ぬかと思てたのに、えらい大事にしてもろて、助かりましたんでっせ、皆はん、ほんまにええ人たちやァ！）は行き過ぎで遊び過ぎですが、気持ちは、相手が役人だったと言う事で、打ち解ける様な日々は表面的には無かっただけに、相手に自分がどう受けとめられているのかが、実は、一番の感心事だったのかも。


ヒュースケン君は、ハリスと共に江戸城内で将軍に謁見した時の感想の一部として、この国日本について、こんな表現をしている。これを本書の最後の引用にしたい。

「しかしながら、いまや私がいとおしさを覚えはじめている国よ、この進歩はほんとうに進歩なのか？この文明はほんとうにお前のための文明なのか？　この国の人々の質僕な習俗とともに、その飾りけのなさを私は賛美する。この国土のゆたかさを見、いたるところに満ちている子供たちの愉しい笑声を聞き、そしてどこにも悲惨なものを見いだすことができなかった私には、おお、神よ、この幸福な情景がいまや終わりを迎えようとしており、西洋の人々が彼らの重大な悪徳をもちこもうとしているように思われてならないのである」と。

こんなに感受性豊かな青年ヒュースケン君が言う（いとおしさ）、（ゆたかさ）とは、（賛美）されたもの、（進歩）、（幸福な情景）、（重大な悪徳）、は今となっては失われたものばかりで、今の私たちが本当に分かるのはこの（悪徳）だけに成ってしまっているのかもかも知れない。

ヒュースケン君らしいナイーブな心を感じられる部分として、筆者はこの文章の中でこの「いたるところに満ちている子供たちの愉しい笑声を聞き、そしてどこにも悲惨なものを見いだすことができなかった私には、おお、神よ、」と言うフレーズが耳から離れない、そんな日本であったと伝えてくれるこのフレーズが大好きなのである。

第十七章

では、これほどまでして、ヒュースケンの生命を投げ出してまで自国だけでなく、他国の調印まで推し進めた、その条約の内容を、ハリス『日本滞在記（下）』の付録の和文から、ざっと現代語会話調にして読み易くして見たい。

但し、ご存じの通り専門家では無いので、意味の取り違えなど有るやも知れず、あくまで目安として頂き、御不審の点は原文よりご検討頂きたい。

始める前に、まず解り難いのは、変な当て字の外国地名と、なんとかして欲しいカタカナ英語である。漢字の外国名はやっかいである、亜墨利加ぐらいは分かるが、（華盛頓）が直ぐには分からなかった。そこで（特命全権大使『米欧回覧実記』）を覗いて見ると、これが結構いい加減で、同頁や同じ行に違った字が当てられている。書いた方も面倒に成ったのか、次第に音からのカタカナ表記が中心に成って行っているが、それなら最初からくだらない事をやらなきゃいいのに、と思うほどだ。現代の者からすればいい迷惑である。

この本は長いだけで面白くもないからお薦めはしたくない。

例えば、アメリカが（亜墨利加）（亜米利加）（米利堅）メリケンだったり、サンフランシスコが（桑港）だったり（桑方斯西哥）だったり、チカコ（シカゴらしい）が（市高俄）や（市高克）、ニューヨークが（新約府）や（新約克）ミスシピ（密斯失比）（密士失比）メキシコ（墨是哥）や（墨是科）、凄いのはフイラルトルフイヤの（費拉特費）やカリホーニヤ（加利福尼）とデタラメに近い。この時では無かったか、今も使われてる（瓦斯）と言う当て字が出てくる、（華城）（華盛頓）はワシントンと判明。

次はカタカナ英語だ。コンシュル・ゼネラールは分かりやすく、（ａ ｃｏｎｓｕｌ ｇｅｎｅｒａｌ）総領事だが、ヂプロマチーキ・アゲントの（アゲント）が随分判らなかったが、ふと幼い頃のローマ字読みを思い出したら吹き出して笑ってしまった。（ａｄｉｐｌｏｍａｔｉｃ ａｇｅｎｔ）外交官代理（又は代理外交官）とでも訳せばいいのか（エイジェント）だった。

しかし全く判らないのがもう一つ有って、英語力の弱い筆者は、敢えて訳すのをやめて、読者にクイズとして残そうと思う。

それは、セケレターリス・フハン・スタートだ、候補としては（Ｔｈｅ ｓｅｃｒｅｔａｒｙ ｏｆ ｓｔａｔｅ）の、日本の外務大臣にあたる（アメリカの）国務長官（又は国務卿）と言うのが一番近いのではと思うが、なにせ（フハン）と言う音が何の事だか全く解らないので、そこは原文のままにしようと考えている。

筆者も若い頃、本当の発音を知らないまま、アメリカンポップスの歌詞をカタカナ聞き取りをした事があるが、後で見ると何んの事だか全く意味不明であったから、笑い事では無いが、もしかして解読できたら、笑えるかも知れないから、楽しみに試して見て頂たい。

日米修好通商条約議定書（和文）

日本国将軍とアメリカ合衆国大統領は、お互いに親しくする気持ちを永く続ける為、両国の人の貿易が出来る様にし、その交際が栄える事を望み、友好と貿易の条約を結ぶ事を決め、日本国将軍はそれを井上信濃守と岩瀬肥後守に命じ、合衆国大統領は日本に来ている総領事タウンゼント・ハリスに命じ、双方の委任状を確認の上、以下の条文を合議の上決定する。

第一条

今後、日本の将軍と合衆国は代々仲良くする事。日本政府はワシントンに居留する公使を任命し、又合衆国の各港の内に居留する総領事、及び領事代理を任命して下さい。それらの役人は、合衆国に到着したら国内を旅行してください。

合衆国の大統領は江戸に居留する外交官代理を任命し、またこの約書にあるアメリカ人との貿易の為に開かれた日本の各港の内に居留する領事又は領事代理などを任命して下さい。その日本に居留する外交官代理ならびに総領事は、職務開始と同時に日本国内の旅行をする自由が保障されるものとする。

第二条

日本とヨーロッパ中のある国との間に、もし問題を起こった時は、日本政府の依頼に応じて、合衆国の大統領は仲裁役のつもりで、その問題に当たりましょう。

合衆国の軍艦が日本船と海洋上で出会ったら公平な友好的取り計らいをします。且つアメリカ領事の居る港に日本船が入港する事があったら、その各国の規定に従って友好の計らいをします。

第三条

下田、箱館の両港以外、次の場所をその期限から開くものとする。
神奈川　三月からおよそ十五ヶ月後。　西暦一八五九年七月四日。
長崎　同じく。　　　　　　　　　同じく。
新潟　同じく、およそ二十ヶ月後。　一八六十年一月一日。
兵庫　同じく、およそ五十六ヶ月後。　一八六十三年一月一日。
もし、新潟港が開けないなら、その代わりとして、同所の前後に一港を選ぶ事。
神奈川港を開いた後六ヶ月で下田港は閉じる事。この箇条にある各地はアメリカ人に居留を許すものとし、居留する者は、一つの土地を金を出して借り、またそこに建物があれば、これを買う事を妨げない。しかし、住宅倉庫の建設を許すと言えども、建設する事を理由にして、本来軍事目的使用の場所を取り立てる行為はしてはならない。この掟を確実なものとするため、その建物の新築改築補修の時は日本人役人が当然の権利として見分する事とする。
アメリカ人が建物のために借りる土地と港の定則は、各港の役人とアメリカ領事が協議の上決定する事。もし協議不成立の時は、その事件を、日本政府とアメリカ外交官代理に交渉させる事。居留所の周囲には門や壁で隔離せず出入り自由にする事。
江戸　三月からおよそ四十四ヵ月後。　一八六二年一月一日。
大阪　同じく、およそ五十六ヵ月後。　一八六三年一月一日。
右二ヶ所は、アメリカ人は、ただ商売をする間だけ、逗留する権利が与えられる。この両町において、建物を借りる事の出来る場所と散歩出来る規定は、追って日本役人とアメリカ外交官代理が交渉する事。

第十七章

両国の人が品物の売り買いすべて自由、支払いについては役人は立ち合わず、日本人はアメリカ人より買った品の売買所持自由。

軍用の物品は日本の役所以外へ売ってはならない。が浮こう人同志の取引は自由。この箇条は本条約取り交わし終了後は、日本国内に掲示すること。

米に麦は、日本に逗留するアメリカ人と船員及び船中旅客食料の用意としては認めても、積み荷として輸出する事を禁ずる。

日本産出の銅に余裕があれば、日本役所において、その時々に公の入札で売りましょう。在留のアメリカ人が日本の労働者を雇い用事に当てる事を許可する。

第四条

全て国に輸入輸出の品は別冊のとおり、関税を納める事。

日本の税関にて、荷主より申し立ての価が、犯されていると見た時は、税関職員が相当する価をつけ、その荷物を購入する事を話しなさい。荷主が拒む時は、税関が付けた価に従って納税し。承知するならその価で直ちに買い上げる事。

合衆国海軍用意の品、神奈川、長崎、箱館の内に陸揚げし、倉庫に納めて、アメリカ人が管理するものは、関税を課さない。もし、その品を売る時は、買う人から規定の関税を日本役人に払う事。

アヘンの輸入は厳禁である。もしアメリカ商船が千八百グラム以上持ち込めば、日本役人はこれを没収する。

輸入の荷物関税納税済のものは、日本人が国内何処に輸送しても別途に関税を課する事はありません。アメリカ人が輸入する荷物は、この条約で定めたものより余分に関税を課す事無く、又、日本船及び他国の商船で外国から輸入する同じ荷物の関税と同じである。

第　五　条

外国の諸貨幣は、日本貨幣と同種同量で通用する事（金は金、銀は銀と、量の比較を言う）。双方の国の人は物価を支払う時、日本と外国の貨幣を使用しても良い。日本人が外国の貨幣に慣れない時、開港後一ヶ年の間、各港の役所で日本の貨幣をアメリカ人の願出次第引き替え渡します。今後鋳造替えのための費用を請求しない。日本の諸貨幣は（銅銭を除く）輸出する事を許し、外国の金銀は貨幣に鋳造するしないに係わらず、輸出して良い。

第　六　条

日本人に対し、法を犯すアメリカ人は、アメリカ領事裁判所にて取り調べの上、アメリカの法律で処罰する事。アメリカ人に対し、法を犯した日本人は、日本役人取り調べの上、日本の法律で処罰する事。日本奉行所アメリカ領事裁断所は双方商人の未払い債務なども公に取り扱う事。すべて条約中の規定、共に別冊にある法則を犯す時は、領事に申し立て、没収品と罰金は日本役人に渡す事。両国の役人は、双方商民取引について干渉しない。

第七条

日本開港場所における、アメリカ人遊歩の規定は次の通り。
神奈川（六郷川筋までを限界とし、その他は、各方向へおよそ十里）。
箱館　（各方向へおよそ十里）。
兵庫　（京都から十里も離れた地へアメリカ人は行かない筈だから、その方角を除き、各方向は十里、かつ、兵庫に来る船の乗組員は、猪名川を越さない事）。
すべて里数は、各港の奉行所又は御用所から、陸路の程度とする（一里はアメリカの四千二百七十五ヤード、日本のおよそ三十三町四十八間一尺二寸五分に当たる）。
長崎　（その周囲にある御料所を限界とする）。新潟は、世間が治まり安定した上で、境界を決める事とする。

アメリカ人が度重なる犯罪により裁判を受け、又は身持ち悪くなど、再び役所の取り調べを受けた者は、居留外一里出る事ならず。その者らは、日本奉行より、国外退去命令をアメリカ領事に通告する事とする。

その者どもの諸事情の考慮は、奉行ならびに領事取り調べ終了の上、領事の申し立てにより退去の期限猶予が受け入れられるが、その期限は一年を越えるものでは無い。

第八条

日本に居るアメリカ人は、自国の宗教を信仰し、居留地内に礼拝堂を設置する事も許される。並びに礼拝堂を破壊したり信仰を妨害する事なし。アメリカ人は、日本人の堂宮を傷つけたりする事なく、日本神仏の礼拝の妨害をせず、神体仏像を損なう事の無いよう。

双方の人民、お互いの宗旨についての争いをしてはならない。長崎役所における踏絵の法律は既に廃止されている。

第　九　条

アメリカ領事の願いによって、すべての逃亡者並びに取り調べ所からの逃亡者を逮捕、又は領事が逮捕した罪人を、拘置可能。又陸地や船中にて不法をはたらくアメリカ人をあらため、規則を厳守させる為に、領事の申し立てに応じ協力する。それらの諸経費並びに願いによって日本の拘置所に拘置した者の雑費は、すべて領事が支払う事。

第　十　条

日本政府は、合衆国より、軍艦、蒸気船、商船、捕鯨船、大砲、軍用並びに兵器、その他需要の物を購入、又は製作の発注、或いはその国の学者、陸海軍法の師、諸科の職人、船員の雇用は自由。

すべて日本政府注文の物品は、合衆国から輸送し、雇用のアメリカ人は支障なく本国より送り出す事。合衆国と友好の国と日本が万一戦闘状態にある間は、合衆国は武器輸出並びに軍事関係者は送り出さない事とす。

第　十一　条

この条約に付属する商法の別冊は、本書同様双方の官民たがいに厳守する事。

第　十二　条

一八五四年三月三一日、神奈川において取り交わした条約の中、この条約に食い違いの在る部分は使用せず。一八五七年六月十七日、下田にて取り交わした約書は、この条約の中で明記されており取り捨てる事。

日本高官又は委任された役人と、日本に来る合衆国外交官代理と、この条約の規則並びに別冊の条を完備するための規律などの、交渉を成し遂げる事。

第　十三　条

今日よりおよそ百七十一ヶ月後（即ち一八七二年七月四日に当たる）双方政府の意志をもって、両国一ヶ年前に通達し、この条約並びに神奈川条約の含まれた箇条、及び付属の別冊共に、双方委任の役人確認の上、交渉を尽くし補填あるいは改編する事が出来る。

第　十四　条

右の条約は、一八五九年七月四日より執行する事。その期限或いはその以前に、都合に合わせ、日本政府から使節を立て、アメリカワシントンにおいて、本書を取り交わす事。もし不慮の事情から、期限内に取り交わしが出来なくても、条約の内容は、この期限より執行する事。

この条約は、日本からは将軍の名前と印を押し、高官の名を記入し、印をととのえて、公文書とし、合衆国からは、大統領自ら名前を記入し、セケレターリス・フハン・スタート（国務長官）共に名を記入し、合衆国の印で封印して、公文書とする事。

日本語、英語、オランダ語の本書写し四通を作成し、その訳文はいずれも同義ではあるが、オランダ語文をもって証拠とするものである。この取り決めの為、安政五年六月十九日（即ち一八五八年アメリカ合衆国独立の八十三年七月二十九日）、江戸府において、前に記載した両国の役人名を記入し、調印するものです。

井上信濃守　花押
岩瀬肥後守　花押

完

ざっと不完全ながら現代語会話調変換を試みてみたが、ハリスが言う様に曖昧な所が多い。特に第四条などは、何を言おうとしているのかすら、未熟な筆者には意味不明であった。

おわりに

数年前、突然『ヒュースケン日本日記』に出会ってしまってから、あっと言う間にタイムスリップ、日記と言う言葉の森に迷い込み、いつしか探検家のごとく、時代をのぞく楽しみを覚えてしまった。

なんとなく知っているつもりで、全く知らない事がバンバン飛び出してくるショックは心地よいが、知り過ぎると又離れたくなるものなのかも知れない。しかし、知って欲しいと言う気持ちがこれを書かせた事は、偽りの無い所だ。

黒船、ペリー、ハリス、までは、我々の一般常識の中にあるが、彼ヒュースケン君の事は是非、別の形で伝えたいと思っていたが、筆者の場合はっきり言って読書感想文に毛が生えた程度のものでしかない。むしろ引用文集と言い換えた方が適切であろう。

開国が良かったのかどうかは、今も分からない。そんな事を言っていられる時代では無かった事は良くわかる。

現在の世界の経済を見れば、一国だけが一人勝ちと言う構図も見せ付けられる。ヨーロッパの街を見ると、安心出来るぐらい古いものを守り調和を構成しているのは分かるが、これで次世代に対応出来るのかと、ふと不安がよぎる一方、東京はニューヨーク風でもなく、バブルと創作意欲だけで膨れ上がった巨大なオブジェの雑群の異様な空間を、感覚を、遠近法を麻痺させるまで増殖し続けている。

筆者はこの数年、文字でしかない彼らの言葉と付き合ってきて、なぜかはうまく言えないが、どこかで救われている様な、幼い頃から今まで手に出来なかった幻が、影ぐらいまで形に出来た様な、そんな気がしている。

それはきっと彼らの人間性に、気付かずに触れていたからではないかと思う。筆者がこれまで出会ったどのタイプでも無い、それも今は望めない雄大なタイプ、その雄大さに憧れたのかも知れない。（こんな国の人たちだったんだよ！）とやさしく語り続けてくれている彼の日記が、そんな日本人が、愛おしく感じたのかも知れない。

私を救ってくれたヘンリクス・コンラドゥス・ヨアンネス・ヘウスケンに敬意を。

参考文献 「私の読書一覧」

岩波文庫	『ヒュースケン日本日記』 青木枝朗訳
〃	ペルリ提督『日本遠征記』(1～4) 土屋喬雄・玉城肇訳
〃	ハリス『日本滞在記』(上・中・下) 坂田精一訳
〃	ロドリゲス『日本語小文典』(上・下) 池上峯夫訳
中公新書	『フロイスの日本覚書』 E・ヨリッセン・松田毅一訳
〃	『回想の織田信長』 松田毅一・川崎桃太編訳
〃	『南蛮史料の発見』 松田毅一著
岩波文庫	『ガレー船徒刑囚の回想』 ジャン・マルテーユ著 木崎喜代治訳
産経新聞	『地球の日本史・144(オランダ人が見た日本4)』 永積洋子
ちくま学芸文庫	『幕末・明治の写真』 小沢健志著
〃	『幕末・写真の時代』 同上
岩波文庫	『大君の都』―幕末日本滞在記―(上中下) オールコック著 山口光朔訳
NHK TV	『堂々日本史』1998年5～6月放送分より一部引用
岩波文庫	『一外交官の見た明治維新』(上・下) アーネスト・サトウ著 坂田精一訳
岩波文庫	特命全権大使『米欧回覧実記』(1)～(5) 久米邦武編 田中彰校注
中公新書	『大君の使節』(幕末日本人の西欧体験) 芳賀 徹著
中公新書	『長崎奉行』(江戸幕府の耳と目) 外山 幹夫著
中公新書	『江戸の料理史』(料理本と料理文化) 原田 信男著
朝日新聞社	『ボンジュール　ジャポン』(フランス青年が活写した1882年) ウーグ・クラフト著 後藤和雄編
筑摩書房	『幕末・写真の時代』 監修・渡辺義雄・小西四郎 編・小沢健志
中公親書	『江戸の町』 岸井良衛著
岩波文庫	『戊辰物語』 東京日日新聞社会部編
講談社学術文庫	『英国外交官の見た幕末維新』 リーズデイル卿回想録 A・B・ミットフォード著 長岡祥三訳
岩波文庫	『ビゴー日本素描集』『続ビゴー日本素描集』 清水 勲編

西岡たかし

1944年大阪生まれ。幼いころから兄たちの影響でジャズをはじめさまざまなジャンルの音楽に親しむ。画家志望でデザインの仕事をしていた'66年中川イサト、藤原秀子らに出会い、'67年「五つの赤い風船」を結成。'72年の解散までに「遠い世界に」「血まみれの鳩」「まぼろしのつばさと共に」など数々のヒット曲を生み出し、当時の若者たちに絶大な支持を得た。グループ解散後はソロ活動で数多くのアルバムを発表。'92年にはCD-BOOK『YAH! DIALOGUE2239』を出版。新たに文筆という領域を広げた。2000年には「五つの赤い風船」を再結成し「2000」「その先の言葉」の2枚のアルバムを発表。全国各地でのコンサート活動も展開中。今年10月には、「ヒュースケン」を題材にした「瞳の青年」ほか11曲書き下ろしのソロアルバム「瞳の青年　西岡たかし with piano」を発表。

著書：CD-BOOK『YAH! DIALOGUE 2239』(1992年 そしえて)
詩集『50+OMAKE』(1994年 そしえて)
復刻版『満員の木』(2002年 そしえて)

ROOTS MUSIC叢書2
『ヒュースケン日本日記』に出会ってから、
2002年10月15日第1版第1刷発行

著者　西岡たかし
発行者　新見知明
装幀　吉永哲也
発行所　株式会社そしえて
東京都千代田区飯田橋4-8-6 日産ビル
電話03-3234-3102
印刷所　東京印書館

ISBN4-88169-953-9 C0395

西岡たかしの本
好評発売中

西岡たかし初めての書き下ろし小説+オリジナルCD

CD-BOOK
YAH! DIALOGUE 2239

書き下ろしSF小説と「遠い世界に」ほか、
未発表曲5曲を含む全8曲新録音CD付

定価3,600円（税込み） ISBM4-88169-950-4 C0073

新作書き下ろし詩集

西岡たかし詩集「50+OMAKE」

定価2,400円（税込み） ISBN4-88169-951-2 C0093

幻の名著復刻版

満員の木

1970年代初頭の文化をリードした
ミュージシャンとアーティスト。
二人が織りなすコラボレーション。西岡たかしVS田名網敬一。

定価2,000円（税込み） ISBN4-88169-952-0 C0395

発売：そしえて 〒102-0072東京都千代田区飯田橋4-8-6日産ビル4階 TEL.03-3234-3102

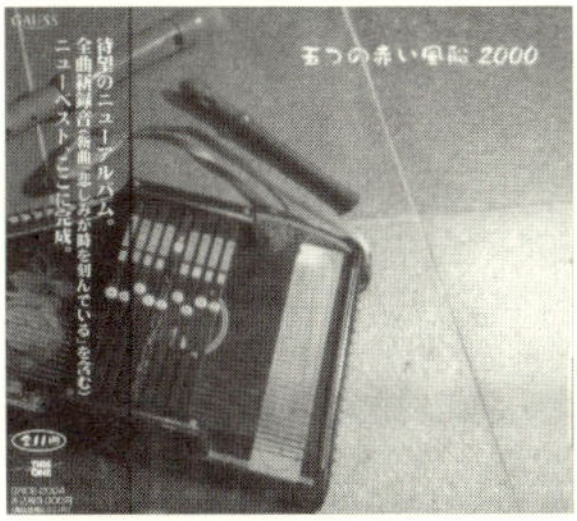

2000年再結成、待望のニューアルバム。
「遠い世界に」をはじめ数々の名曲を
新アレンジで新録音。

五つの赤い風船「2000」

(ガウスエンタテインメント　GRCE-2004　3,000円)
収録曲
1.風が何かを・・・　2.恋は風に乗って　3.遠い空の彼方に
4.時計　5.上野市　6.そんな気が・・・　7.うろこ雲の絵
8.まぼろしのつばさと共に　9.血まみれの鳩
10.悲しみが時を刻んでいる(新曲)　11.遠い世界に

再結成後セカンドアルバム。
「その先の言葉」をはじめ新曲5曲を含む。

五つの赤い風船「その先の言葉」

(ダイキサウンド　ESD-001　3,000円)
収録曲
1.Theme of Red Balloon　2.ささ舟　3.儚いまでの悦楽を
4.君が好きなんだから!　5.少年のように　6.二人は
7.まるで洪水のように　8.心の中に　9.出逢いたいね!
10.吹き出してたり!　11.その先の言葉
12.Theme of Red Balloon (Reprise)

西岡たかし8年ぶりのソロアルバム。
全曲書き下ろし新曲。

西岡たかし「瞳の青年 西岡たかし with piano」

(ダイキサウンド　ESD-003　3,000円)
収録曲
1.不図　2.迷路　3.うきはし　4.なぜか　5.Lucky
6.時を辿る　7.ちろりのお酒　8.ぐじ
9.タコの赤ちゃん　10.寓話　11.瞳の青年

問合せ先：アイピーエー 〒169-0075東京都新宿区高田馬場2-9-1斎川ビル4階 TEL.03-3209-0364
五つの赤い風船公式ホームページ　http://www.5fusen.com